# LA CHASSE

# DU CHEVREUIL

AVEC L'HISTORIQUE

DES RACES LES PLUS CÉLÈBRES

DE

## CHIENS COURANTS

EXISTANT OU AYANT EXISTÉ EN FRANCE

PAR

### LE COMTE DE CHABOT

PARIS

LIBRAIRIE DE FIRMIN-DIDOT ET Cᴵᴱ

56, RUE JACOB, 56

1879

# LA CHASSE

# DU CHEVREUIL

PARIS

TYPOGRAPHIE DE FIRMIN-DIDOT ET C<sup>ie</sup>

56, RUE JACOB, 56

# LA CHASSE

# DU CHEVREUIL

AVEC L'HISTORIQUE

DES RACES LES PLUS CÉLÈBRES

DE

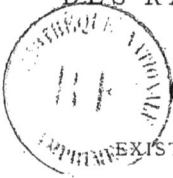

CHIENS COURANTS

EXISTANT OU AYANT EXISTÉ EN FRANCE

PAR

## LE COMTE DE CHABOT

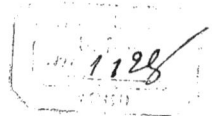

PARIS

LIBRAIRIE DE FIRMIN-DIDOT ET Cie

56, RUE JACOB, 56

—

1879

A

# MONSIEUR LE COMTE DE CHAMBORD

*MONSEIGNEUR,*

*J'ose espérer que Monseigneur daignera agréer la dédicace de ce modeste ouvrage.*

*Je m'estimerais heureux si ce très respectueux hommage pouvait être agréable à Monseigneur et lui rappeler que son Royal souvenir vit toujours dans les cœurs fidèles et vraiment français.*

*De Monseigneur,*

*Le très humble, très dévoué et très obéissant serviteur,*

*COMTE DE CHABOT.*

# INTRODUCTION

Sous le règne des derniers Rois de France, la vénerie royale possédait un équipage spécial pour le chevreuil ; on peut affirmer cependant que le courre du chevreuil est en France d'origine assez récente.

Jusqu'à nos jours, nos plus illustres veneurs français avaient trop dédaigné cette charmante chasse, où l'intelligence de l'animal lutte souvent avec succès contre celle de l'homme et la finesse des meilleurs chiens. Le cerf, le daim, le loup, le renard, le sanglier, le lièvre, suffisaient à leurs goûts et à leurs plaisirs.

Mise en honneur en Poitou et en Touraine par le général Auguste de la Rochejaquelein, MM. de Puységur, Majou de la Débutrie et autres bons veneurs ; en Anjou, par MM. de Danne, d'Armaillé, d'Andigné, de la Rochefoucauld, la chasse du chevreuil passe à juste titre pour la chasse la plus fine

et la plus savante. Elle exige un veneur consommé, des chiens
du plus haut lignage, de la race la plus suivie et la plus fixée,
du nez le plus fin, de la plus parfaite intelligence. Il y a quelque
vingt ans, tant à bon droit la chasse du chevreuil passait pour
difficile, j'entendais dire à des veneurs sérieux, « que jamais
chevreuil n'avait été forcé. »

Je ne crois pas qu'aucun traité très spécial ait été publié
sur cette matière ; j'offre humblement à mes confrères en
saint Hubert ce modeste travail : il n'a probablement d'autre
mérite que celui d'être consciencieux.

J'ai dû faire nombre d'emprunts à nos meilleurs auteurs,
au moins pour ce qui résume l'histoire de la vénerie, et les
principes généraux communs à tous nos maîtres dans l'art
de la chasse. Les veneurs intelligents comprendront que sous
ce rapport on *n'invente* rien *de neuf;* les auteurs modernes
qui se reconnaîtront dans ces pages, notamment M. le comte
Le Couteulx de Canteleu, auquel j'ai fait les plus larges
emprunts, voudront bien m'excuser si je m'incline devant leur
compétence et les proclame nos maîtres autorisés.

Je dois en outre à l'obligeance et au talent de MM. le
baron de Villiers, Bellecroix et Crémière les gravures et les
photoglypties publiées dans ce livre.

Le Parc-Soubise (Vendée). Février 1877.

# LIVRE PREMIER

DE LA VÉNERIE EN GÉNÉRAL —
ÉTAT DE LA VÉNERIE PENDANT LES QUATORZE SIÈCLES
DE NOTRE MONARCHIE — ESQUISSE RAPIDE

# LA CHASSE

DU

# CHEVREUIL

## CHAPITRE PREMIER

### DE LA VÉNERIE EN GÉNÉRAL

Jacques du Fouilloux, gentilhomme poitevin, offrant à Charles IX son célèbre traité de vénerie, s'exprimait ainsi :

« Pour ce qu'il m'a semblé, sire, que la meilleure science que nous puissions apprendre, après la crainte de Dieu, est de nous entretenir joyeux, usant d'honnêtes exercices, entre lesquels je n'ai trouvé aucun plus noble et plus recommandable que l'art de la vénerie. »

Un siècle plus tard, le grand roi ne dédaignait pas de conseiller à son petit-fils, Philippe V, l'usage de la chasse, « le plus innocent et le plus noble de tous les délassements royaux. »

Aussi voyons-nous dans notre beau pays de France l'art de la véne-rie, art dans lequel, nous pouvons le dire avec orgueil, jamais aucun peuple ne nous a égalés, de tout temps en honneur près de nos rois, de nos gentilshommes et seigneurs, de nos paysans même.

Nos vieilles chroniques nous ont conservé les noms et souvent les exploits des rois francs de la première et de la deuxième race. Qui de nous ne connaît le tendre attachement du bon roi Dagobert pour ses vaillants chiens ; la passion de Charlemagne et de ses successeurs pour les *nobles déduicts* de la grande vénerie ; les récits des grandes chasses d'automne de Louis le Débonnaire, écrits par Eginhart ; la fin prématurée de Louis d'Outremer, mort à Reims d'une chute de cheval, en courant un vieux loup lancé dans les environs de la ville de Laon ?

Les Capétiens ne le cèdent en rien aux rois des deux premières races.

Saint Louis, l'éternel honneur de la France et de nos rois, ramène de la croisade une meute de chiens de Tartarie, qui garderont pendant des siècles le nom du plus illustre de nos rois, « chiens gris de Saint-Louis ».

Philippe le Bel, chassant le sanglier dans la forêt de Fontainebleau, fait une chute dont il meurt (1314). Gilles de Rougeau avait été établi par lui premier louvetier de France en 1308. — Sous Charles le Bel, paraît le livre du roi Modus ; la vénerie se perfectionne, sa langue se forme et s'enrichit.

Charles VI crée le sire de Gamaches grand fauconnier de France.

Louis XI, pendant son séjour au Plessis-lez-Tours, chasse dans cette belle forêt de Chinon, pleine aujourd'hui encore des souvenirs du roi : L'allée de Louis XI, le carrefour de Louis XI, la maison de Saint-Benoît où le vieux roi fut transporté mourant à la suite d'une chasse au cerf, éternisent la mémoire de ses hauts faits cynégétiques, et témoignent de son ardeur pour ce noble exercice. Louis XI a été le premier veneur de son temps ; ses équipages de chasse étaient magnifiques et entretenus avec le plus grand soin. Louis XI demanda à être inhumé à Cléry, dans un tombeau de cuivre, en costume de chasseur, le cornet au côté : nous avons de lui « les Dicts du bon Souillard, qui fut au roi Louis onzième de ce nom ».

Louis XII hérite des goûts de Louis XI ; il eut une vaillante meute de chiens gris de Saint-Louis, et lui-même nous a tracé l'histoire du fameux chien *Relais,* qui, pendant onze ans, remplit de ses exploits les terrains de chasse du bon roi Louis XII surnommé le Père du peuple. François I<sup>er</sup> bâtit pour ses rendez-vous de chasse Fontainebleau, Saint-Germain-en-Laye et enfin la merveille de l'architecture de la Renaissance, le château de Chambord.

Charles IX dicte à Villeroy sa chasse royale ; Jacques du Fouilloux lui dédie son célèbre traité, *la Vénerie,* ouvrage qui fixe la science et en règle les éternels principes.

Henri IV était aussi bon veneur que grand capitaine : il entretenait avec grand soin ses superbes *chiens blancs greffiers du roi,* enviés des souverains du monde entier. Ce fut lui qui envoya sur sa demande à Jacques I<sup>er</sup>, roi d'Angleterre, avec une meute de ses excellents chiens greffiers, MM. de Beaumont, du Moustier et autres veneurs français pour enseigner de nouveau aux seigneurs anglais les vrais principes de l'art de la vénerie.

Louis XIV institua une splendide vénerie composée de sept équipages. Pendant que le roi chassait le cerf, le grand dauphin chassait le vieux loup ; la passion de la chasse était alors générale ; ce fut le temps des plus belles meutes de France.

Louis XV passe à bon droit pour le premier veneur de son temps : c'est de son règne que datent la plupart des fanfares composées en grande partie par le marquis de Dampierre. Sa vénerie comprenait deux meutes pour le cerf, *la grande et la petite meute.* Quelques auteurs accusent ce prince d'avoir importé quelques chiens anglais ; nous verrons plus tard qu'il y avait bien loin de ces chiens blancs de race royale, donnés à

Jacques I^er, à ces foxhounds actuels sans voix, sans finesse, sans amour de la chasse.

Sous Louis XVI, la vénerie fut diminuée de moitié ; le cataclysme de 93 noya toutes les meutes dans le sang de leurs maîtres.

Barras, membre du Directoire, se rappelant son origine de gentilhomme, eut, en France, la première meute, après la chute de Robespierre.

Bonaparte enfin rétablit la vénerie, et, devenu plus tard Napoléon I^er, confia la charge de la *vénerie impériale* au prince de Neufchâtel.

La vénerie royale avant le règne de Louis-Philippe brilla encore d'un certain éclat sous la Restauration. Le duc de Bourbon, fidèle aux traditions des Condés, eut à Chantilly le premier équipage de France. En 1828, ses états de vénerie portent à 90 sur 92 le nombre de cerfs forcés, et, en 1829, il prend 122 sangliers sur 124. Ce fut le dernier représentant de ces grands veneurs de race royale qui portèrent si haut en Europe le renom des chasseurs de France.

# CHAPITRE II

La chasse a été de tout temps la passion favorite de nos ancêtres gaulois : ils ne se contentaient pas, armés de l'épieu, du glaive à courte lame, du javelot rapide, aidés de leurs chiens courants à la gorge sonore, à l'odorat exquis, de forcer les cerfs et les sangliers; Arrien nous apprend qu'ils chassaient le lièvre à cor et à cris, et que, la plupart de leurs chasses, ils les faisaient à cheval.

Un savant aussi aimable que distingué, M. l'abbé Baudry, curé du Bernard, dans la Vendée, a eu la bonne fortune et l'intelligence de découvrir une grande quantité de puits funéraires d'origine gauloise; j'ai eu la curiosité de visiter le musée de M. le curé du Bernard; à 25 et à 30 pieds sous terre, ces hypogées de chefs gaulois contenaient un nombre considérable de dépouilles de fauves, des bois de cerfs dix cors de toute beauté admirablement conservés, de longues défenses de sangliers, des sifflets en os, des ossements de chiens, de loups et de renards, etc., etc.

Les peuples conquérants, les Francs, apprirent vraisemblablement des Gaulois, déjà civilisés, l'art de la vénerie.

Dès le vi° siècle, la reine Frédégonde possédait de grands équipages de chasse.

Charlemagne entretenait quatre grands veneurs; ses meutes se transportaient de cantons en cantons, suivant les saisons : ses chiens étaient, paraît-il, de la race dite *de Saint-Hubert*.

Ce fut saint Louis qui, en nommant le premier grand veneur, organisa la vénerie royale. De son règne datent les premières traces qui nous aient été conservées de cet art charmant dans lequel nos pères ont toujours excellé. Il y a longtemps qu'on a dit : « *Nil novi sub sole* », rien de nouveau sous le soleil : je crois que les Gaulois, et les Francs ensuite, ont été d'aussi bons veneurs que les plus célèbres chasseurs des temps modernes ; car, pour prendre cerfs, sangliers, lièvres et loups, nos vaillants ancêtres ont dû suivre les règles qui sont encore généralement adoptées de nos jours.

Quoi qu'il en soit, et bien que cette glorieuse tradition se soit perdue, nous savons que, sous saint Louis, on connaissait la manière de rembucher un cerf, l'art de mener le limier au trait, la science du pied et des fumées, le lancer, le laisser courre et la prise, plus quelques tons de chasse ; six, dit M. Le Couteulx de Canteleu : « L'appel, le bien-allé, le requêté, la vue, l'appel forcé, la prise. »

J'emprunte encore à ce veneur érudit les lignes suivantes :

Sous Charles le Bel paraît le livre du roi Modus : on connaît le cerf par ses fumées, son frayoir, sa reposée, sa tête ; on le détourne au limier ; le rapport se fait à l'assemblée. La langue de la vénerie se forme et s'enrichit ; cinquante couples de chiens suivent le limier du roi. Gasse de la Bigne, chapelain du roi Jean, pour charmer sa captivité, compose en 1359 son roman *des Déduicts de la chasse,* où il cite les bonnes meutes de France.

Le nombre des veneurs ayant des chiens courants dans le royaume s'élevait alors à vingt mille. Entre tous florissait Gaston, comte de Foix, surnommé Phœbus, le premier veneur de son temps : « Ses chiens sur « toutes choses il aimait, d'armes et d'amours devisait. » (Froissart.) Deux cents chevaux et douze cents chiens ravissaient les illustres chevaliers qui venaient à sa cour, au château d'Orthez. Huet de Nantes et le sire de Montmorency rivalisaient avec lui par leurs *beaux langages, belles consonnances de voix, belles manières de parler aux chiens.*

Quatorze tons de chasse étaient connus. Le Miroir des *déduictz des bêtes sauvages* est bien supérieur au livre du *roi Modus*. Gaston Phœbus chassait surtout dans les forêts du Béarn, et c'est en venant de tuer un ours, qu'il avait pris à force de chiens, qu'il fut frappé de mort subite.

Alors le chien et le faucon suivent partout le chevalier, et, si l'Europe s'ébranle vers la Terre-Sainte, les chiens suivent les *Croisés* qui resteront frappés d'admiration devant les six mille chiens de Bajazet.

Sous Charles VI, la vénerie du roi compte six veneurs et quatre-vingts chiens courants pour le cerf, sans compter les limiers ; on chassait alors le sanglier avec des lévriers et des *cornuaux,* ces derniers issus d'un mâtin et d'une lice de race. Pour ma part, je préférerais encore ce croisement pour la prise du sanglier au chien anglais fox-hound. Les *cornuaux,* créés spécialement pour l'attaque du sanglier, devaient avoir plus d'intelligence, de voix, d'action, que le chien anglais.

Jusqu'à Louis XII on ne connut guère, dans la vénerie du roi, que les chiens de Saint-Hubert et les chiens gris de Saint-Louis ; par le croisement du fameux *Souillard,* chien blanc donné à Louis XI par un pauvre gentilhomme bas-poitevin, avec une lice appartenant à M^me Anne de Bourbon, et s'appelant *Baude,* on obtint alors la belle race des *chiens blancs* ou *bauds*, dits depuis *chiens blancs greffiers* du roi. A notre Poitou appartient donc l'honneur d'avoir donné le jour à Souillard, le père de ces chiens de chasse de race royale conservés avec tant de sollicitude et d'orgueil dans les équipages royaux, et dans nombre de meutes de gentilhommes, notamment dans le bas Poitou.

En 1561, Jacques du Fouilloux dédie son célèbre traité de vénerie au roi Charles IX ; désormais nous avons un code presque complet ; tous les principes de l'art sont correctement expliqués, dans un style naïf parfois, mais parfaitement clair. Les chiens de Saint-Hubert, les chiens gris de Saint-Louis sont à peu près abandonnés ; la nouvelle race, fille de *Souillard* et de *Baude* intelligemment suivie, est bientôt fixée, c'est-à-dire qu'elle se reproduit avec ses qualités héréditaires. Les chiens *blancs greffiers* sont dans toute leur faveur.

L'énergie de ces admirables chiens était telle que le roi Henri IV, écrivant à la marquise de Verneuil (juin 1608), lui disait : « J'ai pris hier deux cerfs. »

Sous Louis XIII, on abandonne définitivement le chien gris ; le comte de Soissons eut la dernière meute de chiens gris pour le cerf. Les équipages de la vénerie royale se composaient uniquement de deux meutes : les grands chiens blancs du roi, et la meute des petits chiens blancs.

La grande vénerie comprenait alors : un grand veneur, quatre lieutenants et quatre sous-lieutenants.

La sagesse de ces équipages était remarquable : au laisser-courre, un seul valet de chiens conduisait les chiens d'attaque, et arrêtait la meute à quelques pas de la brisée ; les chasseurs prenaient connaissance du pied pendant que les valets de limiers frappaient à la brisée ; les chiens d'attaque attendaient découplés derrière le cheval du piqueur l'ordre du maître d'équipage. Ils ne ralliaient pas à la voix des chiens de lancer avant que le piqueur eût abaissé la baguette qui les maintenait ; aussi de tels chiens, créancés de la sorte, gardaient-ils merveilleusement le change, dans les vastes forêts de France, très-peuplées de grands animaux.

Le vautrait se composait uniquement de bâtards, issus de lices d'ordre et de forts mâtins.

Robert de Salnove publie sous Louis XIII son traité de chasse « la Vénerie royale, » ouvrage très estimé, plein de faits et de sages principes, comprenant en outre le dénombrement des forêts de France avec l'indication des lieux où l'on doit disposer les relais.

Louis XIV porta l'institution de la vénerie royale au plus haut point de splendeur. Le grand veneur, François de la Rochefoucauld, avait, sous ses ordres, sept équipages distincts :

1° Le grand équipage du cerf, composé de cent magnifiques chiens blancs ;

2° L'équipage du chevreuil ;

3° L'équipage du daim ;

4° L'équipage du lièvre avec des chiens d'Écosse ;

5° L'équipage du renard ;

6° Un vautrait pour sanglier ;

7° La grande louveterie.

Ce dernier équipage se réunissait presque toujours à la célèbre meute pour le loup du grand dauphin. Cette meute comprenait cent chiens, plusieurs limiers et soixante chevaux de selle.

La vénerie du grand dauphin, restée si célèbre par ses prises de vieux loups, était montée avec un soin remarquable : six lieutenants, dont les noms méritent de passer à la postérité : M. de Bernaprez, de Boisfrant, de Villognon, de Doudeauville, de la Grandière, le chevalier d'Hendicourt, grand louvetier du roi ; puis quatre piqueurs, douze valets de limiers et quatorze valets de chiens.

En 1726, neuf ans après l'avènement de Louis XV, la meute royale compte cent trente-deux chiens blancs.

En 1730, le prince de Toulouse donna au roi son équipage de chiens anglais, plus rapides, mais moins criants ; cette seconde meute comprit bientôt cent vingt chiens. Ces chiens anglais, appelés alors chiens du roi et, de nos jours, chiens de la reine (Victoria), descendaient des fameux greffiers blancs donnés par Henri IV à Jacques Iᵉʳ ; le climat d'Angleterre les avait rendus plus gros, plus forts, plus vifs, plus gourmands ; les éleveurs anglais avaient dû infuser dans leurs veines un peu de sang de la vieille race de leurs chiens de cerfs, *stag-hounds ;* le chien tout blanc avait fait place au chien blanc et orangé ; de nos jours, il a été importé d'Angleterre, en 1838, toute une meute composée de chiens de cette couleur par le général de la Rochejaquelein. C'étaient sans doute les descendants des chiens blancs greffiers d'Henri IV ; depuis lors, nous en avons vu en Vendée quelques rares sujets, dits *chiens de la reine*. L'un d'eux, *Pharaon,* devenu la propriété de M. de la Débutrie, célèbre éleveur et veneur vendéen, a été la souche d'une race excellente. Les chiens du Nord, fox-hounds, employés de nos jours dans nombre d'équipages, ne ressemblent en rien à ces chiens donnés au roi par le comte de Toulouse, et à ces types dont je viens de parler, importés récemment en France.

Le règne de Louis XV fut l'époque du célèbre chasseur normand Le Verrier de la Conterie, un des meilleurs maîtres de l'art, auteur immortel de la *Vénerie normande.*

Ce fut aussi l'époque des grands équipages et des plus célèbres veneurs de France :

En Normandie, des d'Œuillançon, des Bernay, des Courcy, des Pierrepont, etc ;

En Poitou, des Guerry de Beauregard, dernier président de la célèbre société de la Morelle, des la Rochejaquelein, des Béjarry, dont le plus illustre fut le chevalier de la Louherie, et de bon nombre de francs compagnons et de gais veneurs.

En Limousin et en Saintonge, des Saint-Légier, des Larye, des Foudras, etc., etc.

C'est alors que Goury de Champgrand écrit son *Traité de chasses,* et enfin que d'Yauville, commandant des équipages du roi Louis XV, veneur consommé, publie son *Traité de vénerie,* dont les principes généralement adoptés sont, à bon droit, regardés comme la perfection de l'art.

Louis XVI comprend la vénerie dans ses grandes réformes ; il crut bien faire en ouvrant là, comme ailleurs, la voie aux concessions ; c'était, hélas ! le chemin de l'échafaud. Le chenil royal ne compta plus que deux meutes, une pour le cerf, et l'autre pour le chevreuil.

Le cataclysme de 93, qui a tout détruit en •France, la monarchie, les mœurs, les nobles usages, les vieilles traditions, l'esprit de devoir et de sacrifice, ne respecta pas davantage la vénerie française.

La révolution dispersa et perdit nos races, guillotina nos veneurs, et c'est à peine si, dans quelques provinces, leurs rares survivants purent conserver quelques débris de nos grands équipages.

Napoléon, qui n'aimait pas la vénerie par goût, comprit que la chasse favorisait l'élevage du cheval de guerre; qu'elle formait des hommes robustes et courageux, des cavaliers accomplis; que le train des équipages de chasse faisait vivre nombre de familles; aussi remit-il la vénerie en honneur. Il voulut même que ses préfets encourageassent ce noble goût; en Vendée, nous avons vu, sous le premier empire, M. Merlet entretenir une excellente meute de chiens courants.

La vénerie impériale compta trois cents chiens, quatre-vingts chevaux, et un nombreux personnel richement galonné, grassement rétribué.

Malgré tout, la vieille science cynégétique des Bourbons et des gentilshommes de France avait disparu; les chasses de l'empire étaient plutôt un luxe, une parade, qu'une école de vénerie.

Il faut savoir gré néanmoins à Napoléon d'avoir relevé cette grande institution, et d'avoir fait tout son possible pour l'encourager.

Avec la Restauration, la vénerie renaît de ses cendres : sous M. dé Girardin, ce fut un vrai ministère, remarquable par l'ordre, l'économie, la beauté du service. Le budget le plus élevé des chasses du roi monte à 650,000 francs; sur cette somme vivaient plus de cent familles; grâce à cet exemple donné de haut, plusieurs branches très importantes de notre production trouvèrent, dans les vaillants chasseurs qui surgirent en France à cette époque, de nombreux clients et de sérieux profits.

Le vieil uniforme du roi, illustré par tant d'hallalis, était l'habit à là française bleu galonné, boutons d'argent, gilet écarlate, culotte de velours bleu, chapeau galonné, ceinturon deux tiers or sur un tiers argent.

Le duc de Bourbon, nous l'avons dit, avait alors à Chantilly le premier équipage du monde; ses laisser-courre resteront inscrits dans le livre d'or de la *Vénerie moderne*.

Dans l'introduction au *Traité de vénerie* de Le Verrier de la Conterie, édition de 1845, nous lisons ce qui suit : « Aux scènes brillantes de l'ancienne vénerie française qu'opposer de nos jours? Le dernier des veneurs n'est-il pas mort à Chantilly? Nous avons laissé derrière nous, en toutes choses, les croyances, les mœurs, les goûts, et peut-être, hélas! le bonheur de nos pères. Plus de vénerie, école de cette science modèle, où venaient puiser à l'envi toutes les autres nations, qui forma les Sélincourt, les d'Yauville, les Salnove et tous ces maîtres d'un art dont les règles disparaîtront peut-être à jamais avec les forêts séculaires; leur antique apanage; plus de Saint-Hubert, qui sera rayée de nos fêtes comme son nom l'est déjà de nos calendriers, et nos neveux ne sauront plus ce qu'était la vénerie de nos pères. »

N'oublions pas que ces pages ont été écrites sous Louis-Philippe, où fut supprimée la vénerie royale.

Plus loin, cependant, l'auteur ajoute :

« Devant les nouveaux intérêts, les traditions s'effacent. Les veneurs s'en vont comme les dieux des anciens et les rois de nos pères. Seuls, les chasseurs de provinces éloignées gardent encore une étincelle du feu sacré. »

Grâce à Dieu, cette *étincelle de feu sacré* a été soigneusement entretenue par les descendants et les imitateurs de nos grands veneurs du temps jadis, *ruraux du XIXᵉ siècle,* restés au fond de leurs provinces, dédaignant la vie de Paris et l'oisiveté de ce milieu énervant.

Si, dans un avenir prochain peut-être, la vénerie française doit sombrer avec le reste, ce sera, grâce à eux, tout d'une pièce, avec ses nobles traditions, ses fidèles principes et ses grands souvenirs, religieusement conservés jusqu'à nos jours.

# LIVRE II

HISTORIQUE DES RACES LES PLUS CÉLÈBRES
DES CHIENS COURANTS FRANÇAIS — RACES ETEINTES
— RACES EXISTANTES

# CHAPITRE PREMIER

Avant de donner mon avis sur la question si délicate et si controversée du chien courant le meilleur pour forcer régulièrement le chevreuil, je demanderai au lecteur la permission de tracer l'histoire succincte de nos races françaises les plus célèbres.

Je diviserai ce travail en deux parties :

1° Races éteintes ou à peu près ;
2° Races existant actuellement.

## RACES ÉTEINTES

Les cinq principales races totalement éteintes ou à peu près peuvent se classer ainsi : chiens gris ou fauves de Saint-Louis, chiens normands, chiens bas-poitevins improprement appelés de nos jours chiens de Vendée, chiens de Saintonge, chiens du haut Poitou.

### § 1. — *Chien gris de Saint-Louis.*

« Le roy Sainct Louis, estant allé à la conqueste de la Terre-Saincte, fut fait prisonnier ; et comme entr'autres bonnes choses, il aymoit le plaisir de la chasse, estant sur le point de sa liberté, ayant sceu qu'il y

4

avoit une race de chiens blancs en Tartarie qui estoit fort excellente pour la chasse du cerf, il feit tant qu'à son retour il en amena une meute en France ; ceste race de chiens sont ceux qu'on appelle gris, la vieille et ancienne race de ceste couronne. »

(CHARLES IX, Chasse royale.)

Cette race disparut sous Louis XIII, qui possédait encore un équipage de chiens gris de Saint-Louis pour le lièvre. La dernière meute pour le cerf fut celle du comte de Soissons.

Le plus célèbre des chiens gris de Saint-Louis fut, sous Louis XII, le fameux *Relais,* qui, le jour de sa mort, à l'âge de treize ans, arriva le premier à l'hallali d'un cerf dix cors. Louis XII écrivit la biographie de ce brave chien, et Guillaume de Sable lui composa son épitaphe :

> Mon poil, qui estoit gris, tiroit fort sur le brun,
> Qui de la vieille race est le poil plus commun ;
> J'avois le dos râblé, jarrets droits, jambes souples,
> Qui plus, au laisser-courre, allois toujours sans couples, etc.

Laissons encore parler Jean du Bec-Crespin, qui décrit ainsi les chiens de Saint-Louis :

« Je fais un grand cas des chiens rougeastres brûlés ; ce sont chiens qui se mettent à toute heurte, ils chassent en tout temps ; ils ont ordinairement la queue grosse et le poil gros ; ils sont courageux, c'est tout feu, et semble que ces chiens le vomissent ; ils ont les yeux rouges avec cela ; croyez qu'ils sont, de leur nature, prompts, légers, ardents ; qu'ils veulent tousiours estre en exercice, s'ennuyant au chenil, ne sont jamais las ni morfondus, vrais chiens de gentilshommes qui les mettent à toute heurte, et qui chassent à toute heure : ce sont chiens qui pourchassent, qui ne craignent point les forests ny le mauvais temps ; ce sont chiens pour chasser un cerf qui fait en hiver de longues fuites. » (*Antagonie du chien et du lièvre,* Jehan du Bec, 1593.)

CHIEN DE VENDÉE A GROS POIL

.... C'est là la physionomie du chien tel que les tapisseries du XVIᵉ siècle nous l'ont conservé.

Il existait alors deux variétés de chiens de Saint-Louis : les chiens gris sur le dos avec le reste du poil couleur de lièvre, et les gris argentés. Cette excellente race est, je crois, complètement perdue.

## § 2. — *Chiens normands.*

Originaire de la province de Normandie, cette race a été de tout temps fort estimée et à juste titre.

De haute taille, très fin de nez, doué d'une gorge superbe et d'un fond extraordinaire, le chien normand a été très employé par la vénerie royale pour créer d'excellents limiers.

La Normandie a toujours été une terre classique de chasse. Nous avons cité quelques noms des plus célèbres veneurs du temps passé ; possesseurs de cette belle race de chiens, ils forçaient, en mettant beaucoup de temps toutefois, le cerf et le lièvre, et ne craignaient même pas d'attaquer le loup.

Nous avons encore en Normandie d'excellents veneurs et de parfaits équipages : il me suffira de citer MM. de Chambray, de Vatimesnil, d'Onsembray, Le Couteulx de Canteleu (j'en oublie, et des meilleurs), pour prouver que le goût de la vénerie ne s'est pas éteint dans cette riche province.

Je ne crois pas que ces messieurs chassent le cerf avec des chiens de race normande ; leurs chiens ont-ils même du sang normand dans les veines ? C'est ce dont je doute fort.

La vieille race normande était grande et fortement membrée, de couleur tricolore, souvent orangée, avec une tête osseuse, un nez large et carré, la face couverte de rides, la lèvre pendante ; l'oreille était mince

et papillotée, attachée assez bas. Comme construction, le normand était
assez lourd ; son rein était large, ses épaules un peu chargées ; l'ensemble
était cependant fort et harmonieux. Le normand était lent, mais fin de
nez, collé à la voie, très bien gorgé, bon rapprocheur, mordant, très
chasseur et facile à créancer, mais peu intelligent. En somme, pour chasser le cerf moins d'une journée, avec les types que j'ai pu voir aux
expositions de Paris, il eût fallu infuser au chien normand un peu de
sang plus énergique. Quant au chevreuil, qui veut être par moments serré
à fond, je crois que le normand n'eût pas été capable de le forcer habituellement.

Je ne sais s'il existe aujourd'hui quelques échantillons de pure race ;
je me souviens d'avoir vu, à une des expositions canines de Paris, une
meute de bâtards normands appartenant à M. de la Broise : les connaisseurs semblaient préférer nos bâtards haut-poitevins et de Saintonge.

J'ai vu aussi à Virelade un essai de croisement entre le chien sain-
tongeois-gascon et la lice normande. L'essai laissait à désirer ; il n'a pas
été poursuivi.

§ 3. — *Chien du bas Poitou ou chien blanc du roi, improprement appelé*
*de nos jours chien de Vendée.*

Le Poitou, le bas Poitou surtout, a été de tout temps la terre classique de la chasse. C'était du Bocage que sortaient autrefois les plus
belles meutes de France. Il suffira de nommer le célèbre Souillard, père
des chiens blancs greffiers du roi, pour établir le mérite de la vieille
race du bas Poitou. Avant la révolution, les gentilshommes de ce pays
avaient formé une réunion qui s'appelait la *Société de la Morelle,* du
nom d'une vieille gentilhommière existant encore près de la Chaize-le-
Vicomte.

Présidée par M. de Guerry de Beauregard, elle comptait alors dans son sein l'élite des chasseurs du pays : MM. de la Rochejaquelein, de Lescure, Baudry d'Asson, de Maynard, de la Bretesche, de Grignon, des Nouhes, de Chabot, de Béjarry, de Chasteignier, de Tinguy et bien d'autres, au moment où éclata la tourmente du siècle dernier. J'ai souvent entendu raconter au général comte de la Rochejaquelein qu'il tenait de M. de Guerry, son beau-frère, que presque tous leurs chiens étaient de change; d'une taille très élevée (il y en avait qui mesuraient jusqu'à 28 pouces), de couleur blanche, avec parfois de légères taches orangées; d'une construction élégante et légère, entreprenants, énergiques, ces vaillants chiens étaient regardés comme les meilleurs de France.

M. de Guerry possédait un chien fameux entre tous, le *petit Candor*, ainsi appelé parce qu'il ne mesurait que 25 pouces. Il offrait de parier que son chien détournerait tout seul du milieu d'une harde nombreuse le cerf dont on lui aurait donné la voie le matin, et qu'il le prendrait de meute à mort, *lui seul avec Candor*.

Hélas! ces braves chiens, l'orgueil de la vénerie poitevine, ont disparu sous les ruines sanglantes de la Vendée! Qu'en est-il resté? Le général de la Rochejaquelein nous a souvent dit que M. de Vaugiraud avait conservé comme par miracle, pendant la guerre de la Vendée, un chien de cette race, et que, croisé avec des briquettes du pays, à gros poil et à poil ras, il était devenu la souche des chiens appelés actuellement *chiens de Vendée*. M. Roy de la Merlatière a longtemps possédé les plus beaux et les meilleurs croisements, devenus depuis la souche de ces chiens dits *de Vendée*.

Depuis lors, on a croisé ces bâtards de briquets avec des chiens blancs du haut Poitou; on a même infusé dans leurs veines un peu de sang anglais. Un de nos habiles éleveurs vendéens, M. Baudry d'Asson, a réussi à maintenir dans ces croisements une très belle meute qui rapproche un peu par la couleur du vieux type bas-poitevin que nous avons si malheureusement perdu.

Quant au mérite de la vieille race du bas Poitou, laissons la parole à Gaffet de la Briffardière dans son *Traité de vénerie :*

« Ils sont tellement estimés en France que le roi, les princes et les seigneurs n'en ont guère que de ce poil dans leur meute. Ils chassent de meilleure grâce que les anglais (les fox-hounds sans doute), ont une menée bien plus belle et font bien plus grande diligence dans les forts et les fourrés ; enfin ils gardent bien plus rigoureusement change, pourvu qu'ils soient, par exemple, bien formés et bien conduits ; ils requêtent bien mieux : leur seul défaut est peut-être de s'emporter en chassant et de s'écarter plus que les anglais, parce qu'ils ont aussi plus de feu. Au reste, ils vont partout également vite et à toutes jambes ; quand ils sont sur un retour, ils reviennent la queue sur le rein et requêtent avec toute l'ardeur possible pour retrouver les voies de leur cerf, et, lorsqu'ils sont sur la voie, ils crient et chassent à grand bruit. Enfin je crois ces chiens aussi sages lorsqu'ils sont formés par d'habiles gens, et peut-être plus propres à garder le change, que les anglais. J'en ai fait toute ma vie l'expérience, non-seulement dans la vénerie du roi, où il n'y avait autrefois que des chiens français et *tout blancs,* mais encore dans toutes les meutes des seigneurs et princes de mon temps, et je puis assurer que, quand ces chiens sont une fois réduits, on en fait tout ce que l'on veut. J'en ai vu souvent à la chasse garder le change presque tous ensemble ; je les ai vus séparer un daguet d'avec des biches, démêler un cerf, qu'ils avaient chassé tout au plus pendant deux heures, de quantité d'autres cerfs dont il s'était accompagné, et, après l'avoir démêlé, le suivre sans le perdre un instant, le pousser à bout et le prendre. J'ai vu à Compiègne, où le change est difficile à garder, sur soixante chiens ou environ, plus de quarante garder le change : quoiqu'il bondît à tous moments quantité de cerfs devant eux, ils ne faisaient que tourner le nez et passaient outre sans se tromper de voie. Malgré leur vivacité, j'ai pourtant vu des meutes entières toutes composées de ces chiens blancs, et deux particulièrement, dont l'une appartenait à M. le duc d'Elbeuf, qui gardaient le change admirablement dans les forêts les plus abondantes en cerfs. »

On reproche aux vendéens de nos jours de manquer de santé et de fond, de se relayer en chassant, de bricoler parfois, de s'user assez promptement, de manquer de gorge : ce reproche est fondé ; ces défauts s'expliquent naturellement par le sang de *briquet* qui coule encore dans leurs veines. M. Baudry d'Asson a intelligemment modifié ce vice en introduisant dans ses chenils des chiens du haut Poitou blancs et orangés, et en y ajoutant un peu de sang anglais ; aussi l'avons-nous vu prendre gaiement cerfs et chevreuils, même sans relais, résultat qu'il eût été très difficile d'obtenir avec les chiens dits *de Vendée*.

La vieille race de la Morelle était splendide : le front large, la tête expressive, les yeux gros et intelligents, l'oreille fine, mince, papillotée, le poil court, le fouet effilé, la poitrine profonde, la patte de lièvre, le rein plat et large, parfois un peu long, qualité favorable à la vitesse, nerveux, suffisamment musclé, blanc, rarement orangé, de taille superbe, tel était l'ensemble de ce magnifique animal.

Quant à ses qualités morales, aucun chien ne chassait plus brillamment, ne rapprochait plus vivement, n'avait plus d'ardeur, d'intelligence et d'habileté. Le bas Poitou était dans ce temps-là très peuplé de grands animaux, les réunions étaient nombreuses ; c'était à qui amènerait au rendez-vous les plus beaux et les meilleurs chiens : cette émulation encourageait l'élevage, et l'intelligence du chasseur maintenait la race belle et pure. De notre Bocage sortaient les meutes les plus renommées ; l'ancienne vénerie royale en était exclusivement composée.

Ces traditions se sont encore maintenues en Vendée dans quatre ou cinq équipages qui élèvent les meilleurs chiens de France peut-être, et, en tous cas, les plus aptes à la chasse du chevreuil.

§ 4. — *Chien de Saintonge.*

Nous ne connaissons guère cette vieille race, autrefois si recherchée, que par ses derniers descendants conservés avec soin jusqu'à ces dernières années par le célèbre chasseur de loups des environs de Saintes, M. de Saint-Légier.

Jaloux de la pureté du sang de ses chiens, M. de Saint-Légier n'en donnait jamais, et n'introduisait dans ses chenils aucun sujet étranger. Erreur double qui devait amener par suite la dégénérescence complète. Ce n'est pas ainsi que les Anglais, passés maîtres dans la science de l'amélioration des races, procèdent pour créer et fixer les splendides espèces d'animaux perfectionnés qui peuplent leur pays. M. de Saint-Légier avait sous la main les éléments les plus propres à assurer la durée de la race de Saintonge : il était entouré de bons veneurs possédant des chiens bleus, dits de Foudras, sortis évidemment d'un croisement gascon-saintongeois. Il fallait aller à cette source, retremper, vivifier le sang de Saintonge appauvri par l'*in and in* répété : sur six chiens sortis de ce croisement un ou deux *au moins* se seraient rapprochés du type pur de Saintonge ; gardés précieusement comme reproducteurs, et croisés encore avec un chien saintongeois de race pure, à la deuxième génération le type eût été retrouvé, le sang régénéré, et la vieille race eût été restaurée.

De nos jours, M. Joseph de Carayon-Latour, heureux possesseur des débris de la meute de M. de Saint-Légier, a eu l'excellente idée de continuer les errements de M^gr de Foudras, premier auteur du croisement des saintongeois et des gascons. Il a obtenu des chiens superbes ; il a même conservé la couleur blanche et noire des chiens de Saintonge, en éliminant rigoureusement tous les chiens qui naissaient *bleus*. Grâce à

CALYPSO, lice de Saintonge

A M. le comte de Chabot.

son intelligence et à son esprit de suite, il est arrivé à conserver à la France une race précieuse qui se mourait d'anémie.

Le chien de Saintonge était blanc, peu couvert de noir, marqué au-dessus des yeux de deux taches de feu pâle ; sa tête légère et osseuse supportait deux oreilles fines, longues, attachées très bas, très papillotées, de couleur noire, bordées sur la face externe d'un liséré de feu pâle. De la plus haute taille, le chien de Saintonge avait le cou fin et léger, sans fanon, le rein arqué, le flanc retroussé, la poitrine profonde mais un peu serrée, la cuisse plate, la patte de lièvre, la queue effilée ; on eût dit un descendant du lévrier.

Le vrai chien de Saintonge avait une gorge superbe, un peu sourde toutefois, un nez excellent ; très droit et possédant assez de train ; sou-vent chiche de voix ; son allure se composait d'un bon branle de galop alterné d'un trot vite et soutenu. Son fond était étonnant. Les anciens compagnons de chasse de M. de Saint-Légier en citent des exemples extraordinaires : un vieux loup, attaqué entre Saintes et Blaye, *aurait été pris* en trois jours, dans les montagnes du Limousin. Rien n'était plus beau que de voir la meute de M. de Saint-Légier rapprochant en plein midi, sur des plaines calcaires et dénudées, des voies de vieux loups qu'elle allait lancer parfois à cinq ou six lieues du découplé.

Le saintongeois était, en outre, très apte à donner d'excellents bâ-tards avec la race anglaise, le staghound surtout. Depuis que ces lignes ont été écrites, j'ai eu la bonne fortune de retrouver chez un excellent veneur, M. Paul Caillard, une lice de Saintonge très remarquable.

*Calypso,* si justement appréciée par les connaisseurs français, an-glais, allemands, m'a été gracieusement cédée par M. Caillard, quelques jours après avoir remporté la grande coupe à Francfort.

M. le marquis de Dampierre, qui, pendant toute sa jeunesse, a chassé avec M. le comte de Saint-Légier, ne pouvait, à l'Exposition de Paris, se lasser d'admirer cette superbe lice. Il a bien voulu me dire que, dans

5

*Calypso,* il retrouvait le type qu'il croyait disparu depuis plus de vingt-cinq ans. Sa tête sèche et osseuse, ses oreilles fines, longues et noires, ses taches de feu pâle, son encolure dégagée, ses pattes de lièvre, son air de noblesse, sa voix profonde, rappellent parfaitement le portrait que nous avons tracé de cette race si distinguée.

Tout l'honneur de cette véritable trouvaille revient à M. Caillard, dont la persévérance, l'habileté, le dévouement à tout ce qui est *sport*, sont unanimement appréciés.

*Calypso* sera, j'espère, la souche d'une lignée très fashionable et précieuse à tous les titres.

### § 5. — *Chien du haut Poitou.*

Il est fort probable que la race dite du haut Poitou était issue dans le principe d'un croisement de chiens de Saintonge et de chiens bleus de Gascogne. Je me rappelle que, dans ma jeunesse, chassant le lièvre avec mes frères dans les *brandes* de Montmorillon, nous remarquâmes deux chiens très extraordinaires et qu'on nous dit être les derniers représentants de la vieille race du haut Poitou, *Koulikhan* et *Timbale,* appartenant à MM. d'Oyron. Koulikhan avait 24 pouces, et sa sœur près de 23 pouces.

La couleur de ces chiens était bleue et orangée, avec des marques de feu pâle plus ou moins larges sur le corps et sur les pattes; la poitrine manquait un peu de profondeur, mais la conformation était robuste; le corps allongé et le rein plat permettaient à ces chiens de galoper très aisément; vites dans les ajoncs, *en plaine ils manquaient de train;* la tête était carrée, l'oreille bien attachée, la patte forte et l'ensemble assez solidement établi.

La gorge de ces chiens était admirable, vibrante et prolongée, beau-

PRINCESSE, lice du Haut-Poitou

*A M. le comte de Chabot.*

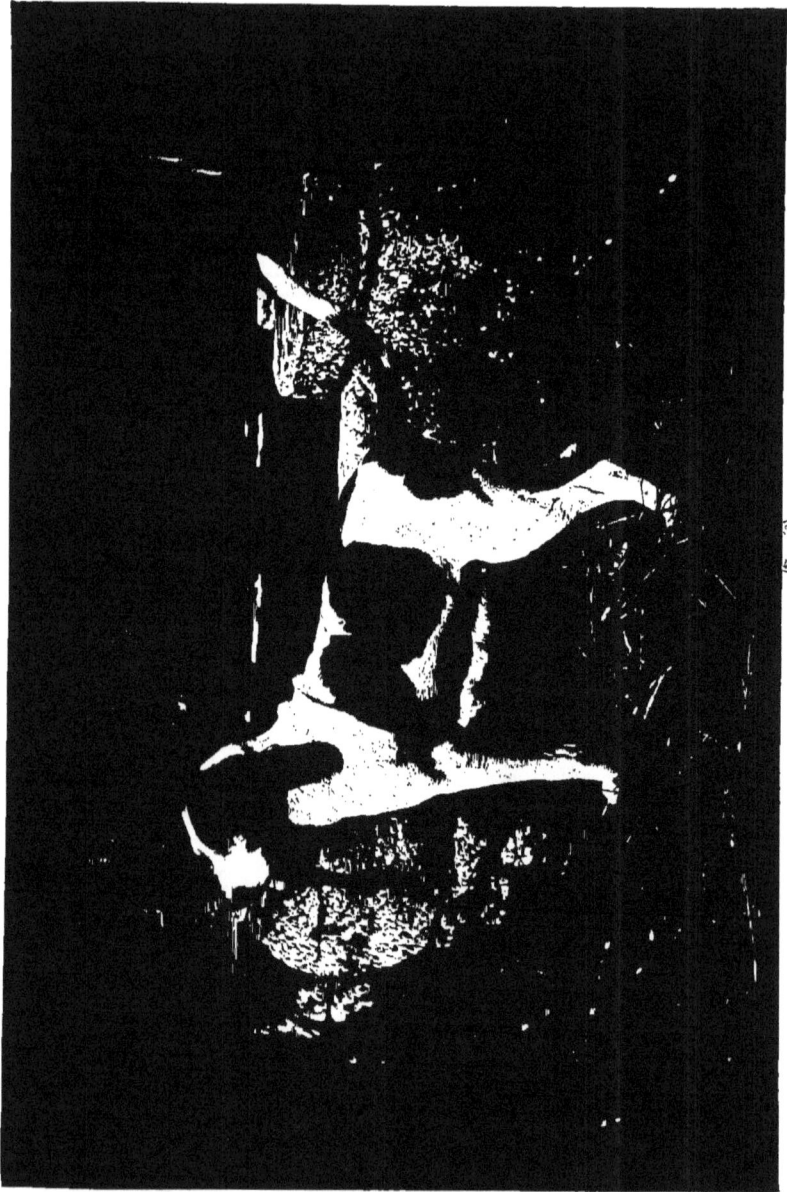

coup plus gaie que la voix des chiens de Saintonge, leur ardeur beaucoup plus grande, avec autant de fond ; leur nez, d'une finesse remarquable, leur permettait de rapprocher à deux heures de l'après-midi des
voies de lièvres du matin. Rien n'était beau comme un rapprocher en
*pleine brande* avec ces chiens ardents, à la gorge incomparable, bondissant comme des lions par-dessus ajoncs et bruyères.

*Marius,* chien du haut Poitou, appartenant à M. de la Besge, est
resté célèbre dans les fastes cynégétiques de la Moulière ; pendant plusieurs années, il a tenu la tête au fourré et dans l'ajonc, sur tous les équipages anglais et français du Poitou.

Comme chien de récri, le chien du haut Poitou était merveilleux ;
actif, requérant, il chassait le loup de passion. Leurs bâtards sont encore,
dans ce charmant pays de chasse du haut Poitou, entre les mains de
chasseurs tels que MM. de la Besge, de Maichin et autres veneurs distingués, les premiers chiens de loup du monde. Les croisements anglo-
poitevins rivalisent avec les bâtards gascons et les bâtards de Saintonge :
ils sont tenus partout en très haute et très légitime estime.

M. de Larye, gentilhomme limousin, a été le créateur d'une race
célèbre de chiens du haut Poitou. Je ne sais si elle ressemblait aux derniers spécimens qu'il m'a été donné de voir, *Koulikhan* et *Timbale ;*
mais, d'après la description que je trouve dans l'ouvrage de M. Le Couteulx, je crois que la race de Larye était un peu différente. Le vieux veneur fut guillotiné en 1793 ; mais quelques-uns de ses chiens furent sau-
vés du naufrage ; ils confondirent vraisemblablement leur sang avec
celui de la vieille race du haut Poitou, pour former les derniers représentants de cette noble et précieuse espèce, disparue, hélas ! avec tant
de bonnes choses !

Voici ce que dit M. Le Couteulx des chiens de Larye :

« Les chiens du Poitou, dont il existe très peu d'individus, sont habituellement tricolores. Leur taille est d'environ 23 pouces (0$^m$,62) ; ils

sont un peu minces, le dos complètement harpé et la poitrine profonde. Ils avaient la tête très fine, un peu busquée, l'œil vif et intelligent, l'oreille assez courte, mais extrêmement mince, soyeuse et papillotée. Leur voix était prolongée, mais très claire. La finesse de leur nez était extraordinaire, et leur fond, inépuisable. Il est avéré que M. de Larye, après avoir chassé un loup tout le jour, le rattaquait souvent le lendemain, et le relançait après un rapprocher de plusieurs lieues. Ces chiens, très collés à la voie, n'étaient pas très vites; mais, ne soufflant jamais, ils avaient encore assez de train pour prendre un louvart en décembre.

« Le chien du haut Poitou était plein de sang. Sa tête fière, sèche et nerveuse, était admirablement attachée sur une longue encolure. Son rein était long et un peu arqué; son odorat lui faisait éventer à plus d'un demi-kilomètre des voies de loup assez froides, et le rendait capable d'enlever au galop les plus vieilles erres. »

Il existait encore dans le haut Poitou une race renommée dite *race de Céris,* du nom d'un gentilhomme qui l'avait créée; ses fils l'avaient conservée jusqu'à nos jours.

J'ai encore vu près de Poitiers trois chiens de cette race appartenant à M. de Céris, petit-fils du célèbre veneur poitevin. Cet excellent M. de Céris n'était pas riche; il possédait encore dix chiens de la vieille race, lorsqu'il se maria; il s'était juré, paraît-il, de faire disparaître un chien chaque fois qu'il lui naîtrait un enfant. J'ai vu, hélas! le neuvième disparaître; n'ayant pas chassé depuis cette époque dans les environs de Poitiers, je ne sais ce qu'est devenu le *dernier Céris.*

Ces chiens étaient blancs et orangés, un peu plus petits que les chiens du haut Poitou, moins forts, plus élégants; le nez était plus pointu, l'oreille plus fine et encore plus papillotée, le fouet léger et bien retroussé; leur gorge était plus flûtée, mais très sonore; excellents chiens de loup et rapprocheurs remarquables, ils ne le cédaient en rien à leurs voisins de Montmorillon. Hélas ! ces braves chiens ont tous disparu !

On m'a assuré cependant que le grand-père de toute la meute actuelle de M. Baudry d'Asson, *Salgor,* petit-fils ou fils d'un célèbre *Salgor* qui appartenait à MM. de Montbron, descendait de cette race ; les qualités du chien de Céris, et surtout sa couleur blanche et orangée, l'ont fait choisir sans doute comme étalon par notre habile éleveur vendéen.

# CHAPITRE II

Les races existantes actuellement dans l'ouest et dans le sud-ouest de la France sont au nombre de quatre principales : deux races françaises pures, la race de Gascogne et celle de Virelade ; deux races croisées, l'une dite race de Vendée, qu'on ne retrouve plus que dans les chenils de M. A. Baudry d'Asson ; et l'autre dite de bâtards, comprenant les divers croisements des chiens anglais foxhounds ou staghounds avec les races françaises pures ou déjà troublées. Je dirai, en terminant, un mot des bloodhounds, remis en honneur dernièrement par M. le comte Le Couteulx de Canteleu.

## § 1. — *Race de Gascogne.*

Je crois qu'il existe encore dans les environs de Tarbes, dans le Gers, chez M. le baron de Ruble et M. le marquis de Mauléon, dans les landes de Bordeaux, de Pau et dans le Lot-et-Garonne, quelques rares descendants des chiens gascons.

C'est une vieille race perfectionnée déjà par Gaston Phœbus. Henri IV possédait un équipage de chiens de Gascogne pour le loup.

Les chiens gascons sont de haute taille, de couleur bleue, avec des taches noires ; marqués de feu pâle aux yeux et aux pattes, avec une tête

CRUELLE ET GÉNÉRAUX, chiens de Gascogne

*A M. le baron de Ruble*

forte, la paupière supérieure couverte, l'œil assez caché et souvent rouge, le rein un peu plongé et long, le fanon épais; la patte est sèche et bien faite.

Doués d'une gorge au timbre grave et prolongé imitant les bourdons de nos cathédrales, ces chiens sont lents et collés à la voie.

Possédant beaucoup de fond, une grande ardeur pour la chasse et un robuste tempérament, ils sont très aptes au croisement avec le chien anglais.

M. de Ruble possédait autrefois des sujets purs de cette vieille race; en croisant ses chiens avec les débris de la meute de M. de Saint-Légier et en ne conservant que les chiens bleus, il a en quelque sorte retrouvé et reconstitué le type primitif, avec plus de qualités cependant, dues en grande partie au croisement avec le sang de Saintonge. A ce sujet, voici ce que M. le baron de Ruble veut bien m'écrire :

« La tête, qui autrefois était forte, est aujourd'hui dans de bonnes formes; l'œil a suivi les mêmes modifications; il est vif et clair; le rein est bien soutenu, nos gascons sont de très haut nez; ils ont toujours l'amour de la chasse, surtout celle du loup qu'ils chassent de *prédilection*. Tout ce que vous me dites des croisements des chiens de M. de Saint-Légier, auteurs et souche de la race de Virelade, est parfaitement *exact;* encore l'an dernier, j'ai envoyé à Virelade une très belle lice bleue. »

M. de Ruble a renouvelé ainsi la race dite *de Foudras*, provenant également du croisement d'une lice de Gascogne avec un chien de Saintonge, race créée et entretenue au commencement du XVIII° siècle par M$^{gr}$ de Foudras, évêque de Poitiers.

## § 2. — *Race de Virelade.*

J'ai déjà dit que M. Joseph de Carayon-Latour avait eu la bonne fortune d'hériter des derniers restes du sang de Saintonge. En s'associant avec M. de Ruble et en choisissant les types qui se rapprochent le plus par la couleur et les formes du sang de M. de Saint-Légier, il est parvenu, grâce à une sélection habile et intelligente, à reconstituer une race qui se rapproche beaucoup du type primitif des anciens chiens saintongeois.

Ce que nous avons dit plus haut des qualités de la race de Saintonge s'applique à la race de Virelade ; seulement les chiens de M. de Carayon ont plus de santé et de force. Chacun sait que ces excellents chiens forcent cerfs et chevreuils ; je ne puis en parler que par ouï-dire, n'ayant jamais eu le plaisir de chasser avec eux ; mais les résultats sont incontestables et incontestés.

Honneur donc à MM. de Carayon-Latour et de Ruble qui, au prix d'efforts intelligents et soutenus, ont restauré deux vieilles races qui, sans eux, eussent déjà totalement disparu du sol français ! Dieu veuille que, à leur tour, ils ne tombent pas dans les errements de M. de Saint-Légier !

## § 3. — *Race dite de Vendée.*

J'ai indiqué plus haut la souche primitive du chien appelé communément *chien de Vendée.* Issu d'un chien blanc, dernier descendant de la race du bas Poitou, et de fortes briquettes à poil ras et à poil dur, le vendéen était un chien de lièvre admirable ; c'était même sa spécialité.

Les colonnes infernales avaient détruit tous les fauves de nos forêts ;

CÉRÈS, lice de Virelade

*A M. de Carayon-Latour.*

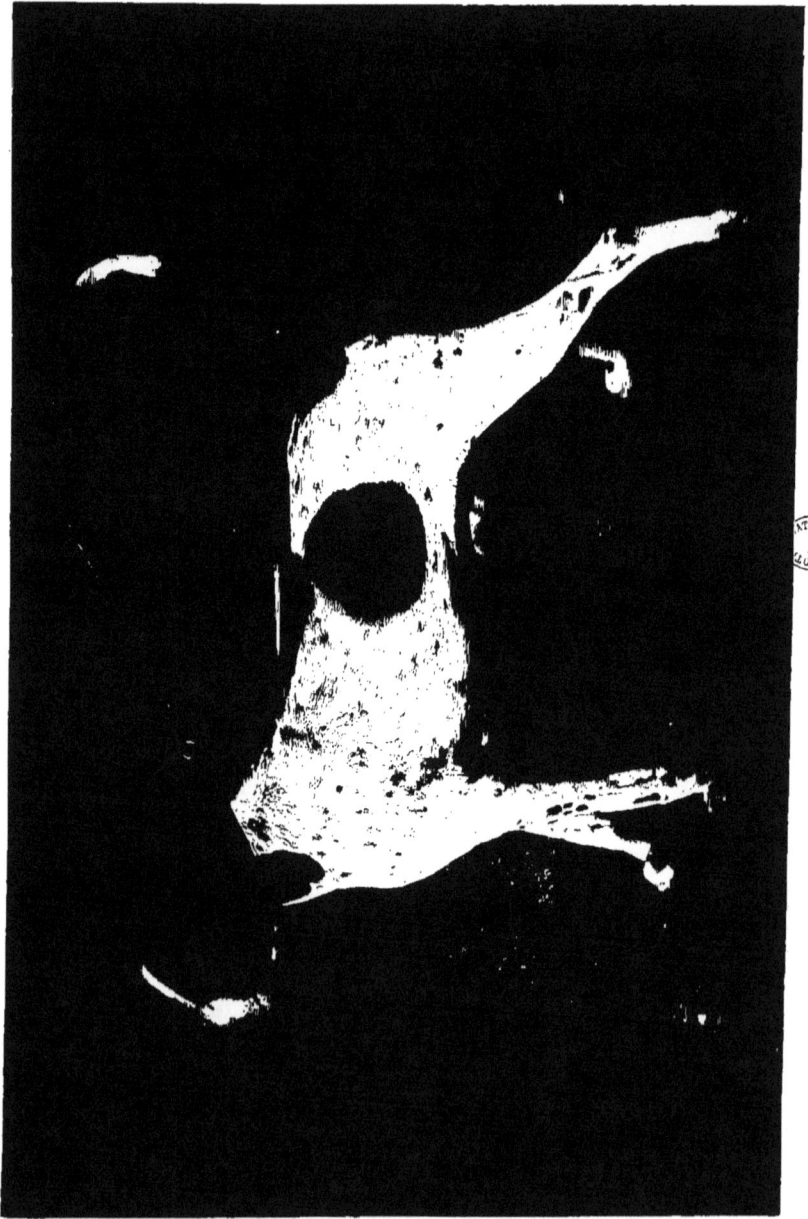

par conséquent, le chien de race était devenu à peu près inutile ; les gentilshommes, ruinés par la vente inique de leurs biens, se contentèrent, au retour de l'émigration, de *fouetter leur lièvre*.

Le chien de Vendée, gai, intelligent, entreprenant, actif, très travailleur, convenait admirablement au pays et au caractère des Vendéens.

Plus tard, quand les grands fauves reparurent dans nos forêts d'Anjou et dans le haut Poitou, on voulut obtenir une race plus résistante, avec plus de fond et de santé, prenant de meute à mort et sans relais *cerfs et chevreuils*. Ce fut pour cela que l'on créa les bâtards anglais avec les lices du haut Poitou et de Saintonge et le chien anglais *foxhound* ou *staghound*.

M. Armand Baudry d'Asson a entrepris de conserver la race de Vendée en lui donnant de la santé et de la tenue, tout en maintenant la couleur primitive blanche et orangée. La race Céris convenait parfaitement pour opérer cette transformation. Aussi avons-nous vu son père, M. Léon Baudry d'Asson, emprunter à M. de Maichin un étalon blanc et orangé pour une de ses plus belles lices vendéennes. Ceci se passait en Anjou à l'une des réunions de la forêt de Vezins, où les chasseurs du haut Poitou étaient venus mesurer leurs chiens avec les chiens de Vendée. Plus tard les lices issues du chien de M. de Maichin furent croisées avec un chien du haut Poitou appartenant à un chasseur de Saint-Gervais, M. du Martray. Telle est l'origine des chiens dont hérita plus tard M. Armand Baudry d'Asson.

D'un caractère ardent, entreprenant, fougueux à la chasse, il voulut avoir des chiens vites, portant la tête sur les bâtards anglais. Il emprunta au chenil de M. de Tinguy de Nesmy un *fils de Relais,* excellent bâtard anglo-poitevin, provenant du chenil renommé de la Débutrie, et à l'équipage de mon beau-frère M. de Tinguy de Beaupuy : 1° *Vol-au-Vent,* fils de *Volante,* chienne bâtarde du haut Poitou ayant un quart de sang anglais, et de *Vol-au-vent,* chien anglais de pur sang, blanc et orangé,

6

appartenant à M. de Lareinty; 2° deux fils de *Ténor* et de *Victoria*, l'un
à poil ras, *Volant;* l'autre à gros poil, *Ténor*. Or, *Ténor,* le père de ces
deux chiens, était issu de *Roulette,* lice anglo-poitevine, et de *Vol-au-*
*vent,* chien de pur sang anglais; et *Victoria,* la mère de ces deux chiens,
était fille de *Policeman,* chien gris de pur sang anglais, à M. de Lareinty.
Ces deux frères, *Ténor* et *Volant,* devinrent les pères de la plus grande
partie des chiens de M. Baudry d'Asson. Plus tard, il fut fait encore d'autres emprunts à la meute de M. de Tinguy de Beaupuy.

Dernièrement deux de mes meilleurs chiens, *Tamerlan* et *Mousque-*
*taire,* bâtards anglo-poitevins-saintongeois, furent les pères de plusieurs
chiens remarquables de la même meute. Enfin, nous avons tous connu
l'étalon *Salgor,* chien de la race Céris, acheté à MM. de Montbron; ce
chien du haut Poitou avait peu ou point de sang anglais. Avec ces lices
d'un sang déjà si troublé, *Salgor* a parfaitement tracé; on peut dire que
la meute n'est aujourd'hui composée en grande partie que des descendants directs de *Salgor* et de *Tamerlan*.

Tout chien qui naît marqué de noir ou de gris est impitoyablement
sacrifié, et avec raison; l'ensemble et la beauté de la meute dépendent
en grande partie de la couleur uniformément blanche et orangée.

Avant de terminer ce chapitre, j'emprunterai aux auteurs du *Traité*
*des chasses à courre et à tir* le passage suivant, qui a trait à la manière de
chasser des anciens chiens de Vendée :

« Les chiens vendéens ont une manière particulière de chasser; ils
ne font jamais que ce qu'ils peuvent; d'où il résulte que, s'ils mettent bas
promptement, ils savent reprendre aussi promptement haleine, tant sont
grandes chez eux les aptitudes pour la chasse. Au début de la chasse, vos
chiens vont à merveille, avec vigueur même; après une heure de belle
menée, un quart de la meute aura lâché pied; s'il fait chaud, ils cher-
cheront de l'eau, sembleront se reposer en suivant les routes. Que la
chasse fasse un retour, vous les verrez bien vite ralliés, et chasser de nou-

TAMERLAN, chien vendéen

A M. Baudry d'Asson.

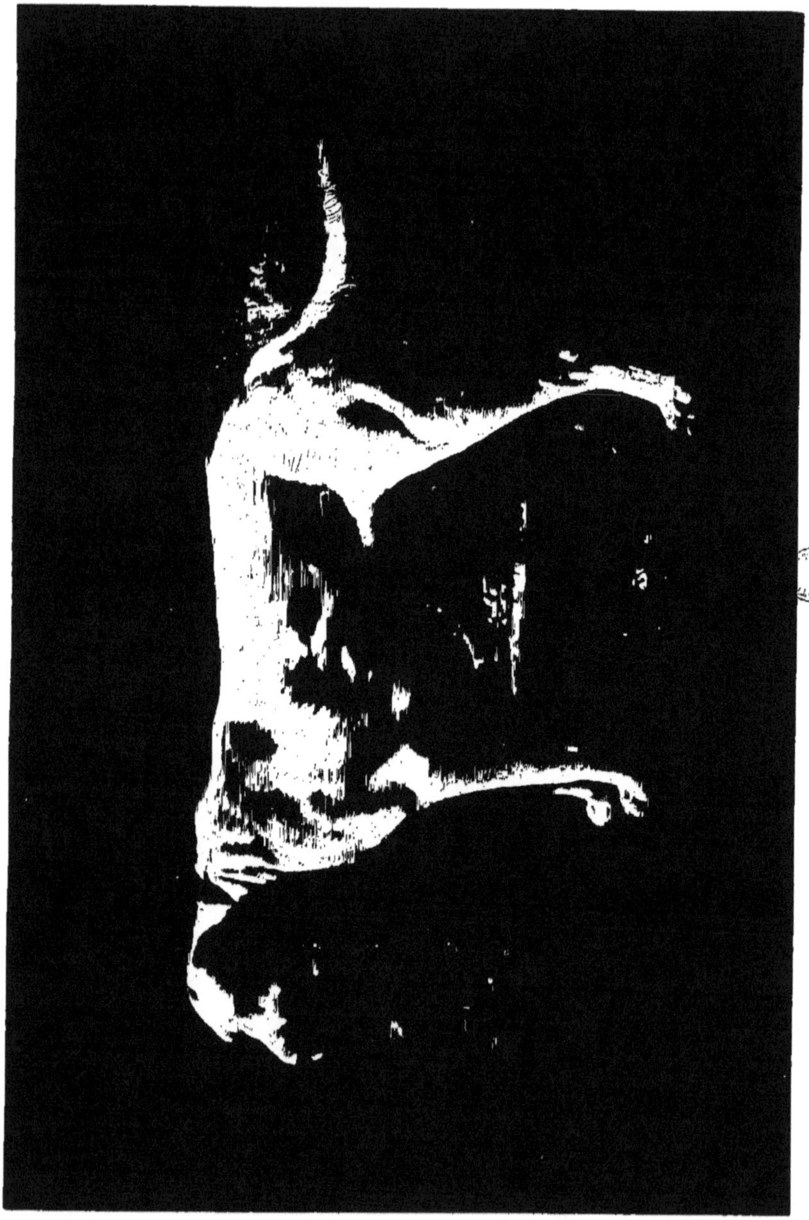

veau comme un relais frais. Tous ou à peu près feront la même manœu-
vre, mais la chasse n'ira pas moins son train, et, comme votre cerf n'aura
pas un instant de repos, vous ne manquerez pas de sonner l'hallali. »

Si, dans l'historique impartial de nos races de chiens, j'ai dû sonder
les documents les moins connus, pour ne pas faire injure à la vérité,
mon excellent ami, M. Baudry d'Asson, me permettra de rendre ici à
son talent et à sa science un hommage très mérité.

Ce n'est assurément pas un petit mérite que d'avoir créé une *sous-race*
qui se maintient homogène, qui chasse bien, qui prend des chevreuils et
dont l'ensemble et le coup d'œil sont très corrects. Les Anglais, nos
maîtres en élevage raisonné, n'ont pas agi autrement. Les Collin's et les
Backwell's seront toujours cités comme des hommes remarquables. Con-
tinuons donc à suivre les règles tracées par nos maîtres, les célèbres créa-
teurs des races anglaises perfectionnées : ce sera la meilleure manière de
réussir et d'éviter les déceptions.

M. Baudry d'Asson, s'inspirant de ces principes, a compris qu'il était
indispensable d'infuser de temps en temps dans les veines de ses chiens
quelques gouttes d'un sang étranger à sa race : c'est du reste, pour un
veneur intelligent, le seul moyen de maintenir dans ses chenils la santé,
les qualités essentielles, la force de reproduction.

## § 4. — *Bâtards anglais.*

Nous diviserons en cinq familles principales les croisements anglo-
français :

1° Anglo-vendéens ; 2° anglo-poitevins ; 3° anglo-saintongeois ; 4° an-
glo-gascons ; 5° anglo-normands.

1º ANGLO-VENDÉENS

Le croisement de la lice vendéenne et de l'étalon anglais a rarement
réussi; les produits étaient vites, légers, ardents, très entreprenants,
mais généralement manquaient de voix et de nez. Or, en Vendée, nous
tenons avant tout à la belle gorge de nos chiens : sans musique, pas d'entrain, pas de gaieté, autant vaut le fox-hunting anglais.

MM. Chevallereau et Clémenceau de Sainte-Hermine ont eu cependant un étalon anglais, *Grefton,* qui a tracé admirablement avec des lices
de Vendée. Les fils de Grefton ont été célèbres; presque tous ont été des
chiens parfaits, *très vites, très sûrs,* de change. MM. de Danne ont possédé pendant longtemps un de leurs descendants, excellent chien dont ils
ont souvent tiré race. Il n'existe plus de descendants de Grefton.

Les bâtards vendéens ont cependant une qualité fort précieuse : ce
sont des chiens qui travaillent sur les devants, et qui rapprochent plus
vivement que les bâtards anglo-saintongeois. Moins collés à la voie, ils
dépêchent davantage la besogne dans les forlongers, qualité très précieuse dans la chasse du chevreuil. Aussi serais-je partisan, de temps en
temps, d'infuser dans les veines de nos bâtards anglo-saintongeois-poite-
vins une légère addition de ce sang généreux, ardent et vif.

2º ANGLO-POITEVINS

Il y a quelque quarante ans, MM. de la Besge, de Maichin et autres
bons veneurs poitevins, chassaient des cerfs dans la forêt de la Moulière
avec des chiens du haut Poitou. Ces messieurs invitèrent M. de la Débutrie à réunir son équipage de Vendée à leurs meutes poitevines. Peu
habitués à l'ajonc, peu aptes aussi, avec leur poil fin et clair, à marcher

MIRLITON, bâtard anglo-vendéen

A M. le vicomte d'Onsembray

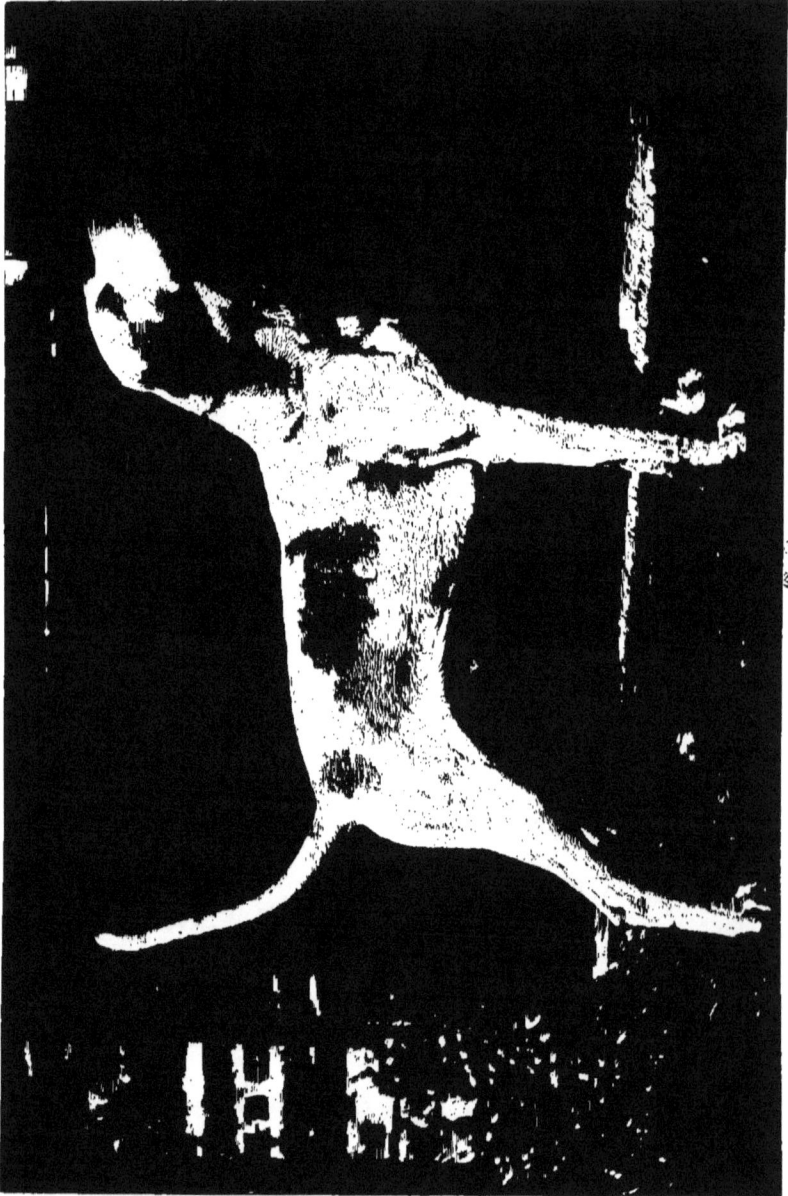

*au piquant,* les chiens de Vendée furent promptement *coulés.* L'année suivante, M. de la Débutrie accepta de M. de la Besge *Queen* et *Cromwell* et un troisième chien anglais, en échange de trois chiens de Vendée. Un an après, M. de la Débutrie fit venir trois ou quatre autres chiens anglais et retourna à la Moulière. Bien que MM. de la Besge possédassent alors un chien français extraordinaire, *Marius,* qui portait constamment la tête à l'ajonc sur les chiens anglais, il fallut se rendre à l'évidence : Marius était une exception, et, pour forcer le cerf de meute à mort, le chien français ne pouvait être comparé au chien anglais. La forte construction de l'anglais, sa santé robuste, sa vitesse, son fond inépuisable, défiaient toute concurrence. A partir de ce moment, on prit des cerfs à la Moulière presque sans en manquer. Malheureusement, les chiens anglais étaient muets ou à peu près. Il vint alors à l'esprit de ces messieurs une excellente idée, bientôt réalisée : MM. de la Besge importèrent en Poitou *Taboureau, Rochester,* etc., chiens de pur sang anglais. Grâce à l'initiative de M. de la Débutrie, qui croisa les lices du Poitou avec les chiens anglais, et qui en cela fut imité par MM. de la Besge, nous fûmes bientôt dotés de ces excellents bâtards haut-poitevins qui réunissent au plus haut degré toutes les qualités du chien de noble race : taille, élégance, fond, santé, vitesse, gorge sonore, intelligence et disposition remarquable à garder le change.

### 3° ANGLO-SAINTONGEOIS

Le croisement anglo-saintongeois possède à peu de chose près les mêmes qualités que le bâtard anglo-poitevin. Il est cependant en général plus sage, moins travailleur peut-être et plus collé à la voie. Il a souvent un animal de prédilection qu'il chasse de préférence à tout autre. Il a aussi plus de distinction et de légèreté dans les formes, avec autant de

gorge et d'intelligence. Pour chasser le chevreuil comme le cerf, je le
mets cependant à peu près sur la même ligne que le bâtard anglo-
poitevin.

### 4° ANGLO-GASCON

Une des meilleures portées que le chenil de la Débutrie ait jamais
possédées provenait du croisement d'une chienne de Gascogne, *Pan-
thère,* achetée par mon frère à Tarbes, et d'un chien anglais noir et blanc,
*Parliament,* acquis par nous à Londres en 1852. *Bélisaire, Minos, Chan-
dos* et *Rochester* sont les aïeux de tout ce sang fashionable que les connaisseurs admirent dans les meilleures meutes de la Vendée. Ces braves
chiens, tous de change, réunissaient les qualités les plus précieuses : le
train, le nez, le fond, l'amour de la chasse, une gorge magnifique, une
santé à toute épreuve. Ces mêmes qualités ont été transmises à leurs descendants : je n'ai jamais connu un mauvais chien sorti de cette vaillante race.

C'est dire que je professe au moins la même estime pour les bâtards
gascons que pour les bâtards poitevins et les bâtards de Saintonge.

### 5° ANGLO-NORMAND

Ne connaissant le bâtard normand que de vue, je reçois d'un veneur
normand distingué les lignes suivantes : « Je connais peu le bâtard normand, n'ayant, quoique Normand, guère connu que deux ou trois équipages composés de ce sang, et n'ayant jamais chassé que quatre ou cinq
fois avec eux. Ils me paraissaient *très-beaux;* mais, comme qualité, ils
m'ont semblé fins de nez et criants, musards et se débrouillant médiocrement dans les défauts.

BÉLISAIRE, bâtard anglo-saintongeois

A M. le comte de Chabot.

« Je crois que le seul équipage actuel, réellement composé de vrais bâtards normands, est celui de M. de la Broise : on dit qu'il chasse bien et prend, soit cerf, soit chevreuil, dans une forêt difficile. Un de mes amis, M. Léonce de Pomereau, grand chasseur et très connaisseur, a chassé souvent avec l'équipage et me l'a dit très bon : *seulement, je ne sais* si la meute n'a pas un peu du sang des chiens de M. de la Besge ; la masse cependant doit être formée de bâtards normands.

« J'ai connu, il y a quinze ou vingt ans, les beaux bâtards normands de M. Durécu, de M. Leduc et de M. Hardy : c'étaient des chiens magnifiques de 24 à 26 pouces, ayant encore beaucoup de français, secs, gros, non de graisse, mais de muscles ; des têtes superbes et des queues droites. Ils chassaient bien et prenaient parfaitement ; leur menée était régulière ; on leur reprochait d'être *un peu musards* et *inintelligents* dans les défauts. »

## § 5. — *Bloodhounds.*

Je consacrerai quelques lignes aux bloodhounds, si bien décrits dans l'ouvrage de M. le comte Le Couteulx sur les chiens français. M. Le Couteulx veut bien me faire l'honneur de m'écrire à ce propos les lignes suivantes :

« Ces chiens, qui me sont mieux connus maintenant que lorsque je les ai décrits pour la première fois, sont encore à améliorer pour certaines choses, construction, rein bas et trop de fanon ; inégalité de pied dans la production, amélioration sous le rapport de la *bravoure ;* mais ils ont de grandes et immenses qualités qui me les ont fait choisir et m'ont attaché à cette race. Je trouve que c'est *celle qui réunit le mieux les qualités de l'anglais à celles du français saintongeois ou poitevin.*

« Les bloodhounds ont une grande santé et énormément de fond.
Tout l'hiver, j'ai fait mes chasses de cerf et de sanglier avec quatre lieues
pour le rendez-vous et des sept ou huit lieues de retraite. J'ai pris dix-
sept cerfs et huit sangliers, et pas un chien n'a souffert ni peiné de ses
journées de vingt à vingt-cinq lieues.

« Ils ont bon nez, sans toutefois qu'il soit d'une finesse extraordinaire ;
cependant on trouve facilement de bons rapprocheurs. Ils sont très faciles
à mener, très obéissants, au moins aussi sages que les plus sages anglais,
chassant froidement au départ et poussant plutôt quand l'animal est
malmené. Ils ont de grosses gorges, superbes, plutôt sourdes que claires ;
mais, quand l'animal file droit sous futaies, ils sont sujets à ne guère crier
et poussent la voie comme le diable. Ils sont remarquables pour le
change ; mais surtout pour ne pas chasser autre chose que l'animal sur
lequel on les découple. Je suis bien loin de prétendre qu'ils ne font jamais
change (étant entendu que le change n'existe guère que d'un animal
échauffé à un animal qui ne l'est pas), mais je garantirais qu'ils ne feront
à peu près jamais change d'un animal sur la voie duquel on les a découplés sur un autre d'une espèce différente, même sur lequel ils sont en
curée. Ainsi, à Lyons, où les cerfs, fort nombreux, sont tous debout
quand on chasse, il arrivera souvent que plusieurs feront change sur un
autre animal également échauffé ; mais, si, après trois mois de chasse de
cerf sans interruption, et la prise de dix-sept cerfs, comme cette année,
j'attaque un sanglier, plusieurs chiens ne chasseront pas la première ou
la seconde fois, mais néanmoins n'attaqueront et ne chasseront pas de
cerfs, et suivront les chiens qui seront sur leur sanglier, malgré les hardes
de cerfs et de biches qu'ils traverseront ou mettront debout pendant
leur chasse.

« Il y a dans cette race de gros chiens lourds et pesants à l'œil, qui
sont d'un pied qu'on ne pourrait jamais soupçonner ; cela tient, je crois,
à la force et à la puissance de leurs membres et de leurs muscles. Tou-

BANCO, bâtard anglo-poitevin

*A M. le comte de Chabot.*

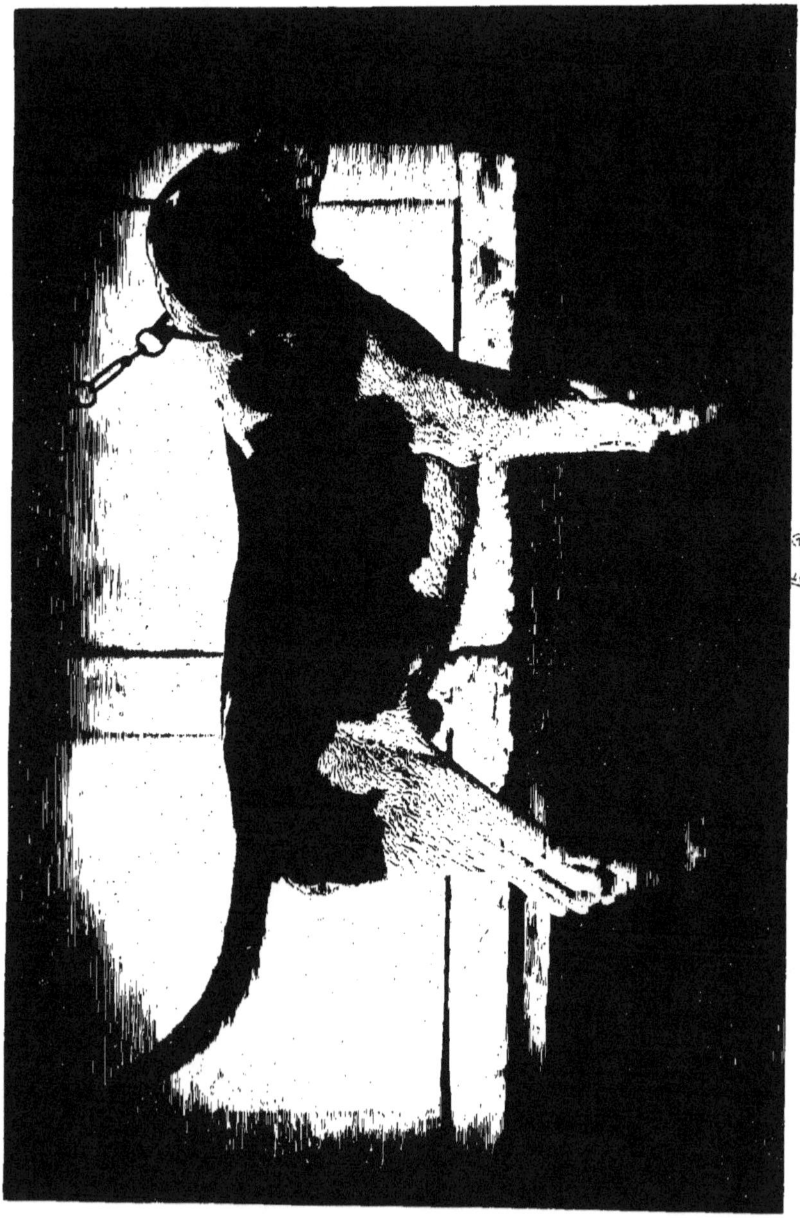

tefois il y a souvent inégalité de pied dans les mêmes portées, quoique la race ait un stud-book très exact qui vaut celui des chevaux de pur sang, et qu'ils se reproduisent identiquement pareils de forme, de couleur et de caractère. Comme force, ils ne sont guère faits qu'à deux ans ; ils sont souvent un peu longs à se livrer. Ils sont très intelligents, remarquables de retraite, attachés à leur maître, très ralliants. Ils sont doux, *très-peu mordants :* l'animal une fois pris, beaucoup de chiens ne lui disent rien et n'y touchent pas.

« Quoiqu'ils ne le paraissent guère à l'œil, je crois pourtant qu'ils seraient bons chiens de chevreuil, par suite : 1° de leur nez ; 2° de leur sûreté sur une voie ; 3° de la manière dont ils poussent l'animal une fois échauffé ; 4° de leur obéissance et facilité à s'arrêter. »

# LIVRE III

DU CHIEN COURANT LE MEILLEUR

POUR FORCER RÉGULIÈREMENT LE CHEVREUIL

— DU MAITRE D'ÉQUIPAGE

— DE LA MANIÈRE DE FORMER UNE MEUTE

# CHAPITRE PREMIER

Mais, me direz-vous : « il n'existe plus ou *presque plus* de chiens du haut Poitou, de Saintonge, de Vendée, de Gascogne, et nous savons d'autre part que le premier croisement entre la lice française de race pure et le chien anglais, le *staghound* surtout, réussit toujours parfaitement; comment donc, maintenant que ces espèces françaises pures ont à peu près disparu, créer des bâtards qui se reproduisent avec les qualités du premier croisement? »

Jonas Webb, le célèbre éleveur de southdowns (moutons des dunes du sud, à face noire), s'apercevant que ses troupeaux commençaient à dégénérer, acheta dans une bergerie de dishleys (moutons des gras pâturages, à face blanche), un bélier près de terre, fin d'ossature, et dont la taille se rapprochait de celle des southdowns. Le bélier dishley couvrit trente brebis; on choisit parmi les jeunes agneaux issus de ce croisement le bélier dont la laine courte et frisée, la face noire, la construction fine et régulière se rapprochaient le plus du type southdown. L'année suivante on donna trente autres brebis à ce jeune bélier, et on se servit de ses fils pour infuser quelques gouttes de sang étranger dans les veines des southdowns, et de la sorte vivifier et maintenir la race : j'ai vu il y a quelques années, à l'école d'agriculture de Grand Jouan, deux béliers issus de ce croisement, achetés en Angleterre aux enchères publiques, lors de la vente annuelle des agneaux de Jonas Webb, 14,000 francs les deux.

C'est ainsi que nous devons agir si nous voulons créer une race, et surtout *la fixer*. Ne craignons donc pas, de temps à autre, d'infuser dans les veines de nos bâtards quelques gouttes d'un sang étranger à nos races, mais agissons toujours avec suite et avec une prudence extrême dans le choix de ces reproducteurs.

Partant de ce principe reconnu « que, dans le croisement, le *sang* le plus *fixé domine dans le produit* », tous les éleveurs de la Vendée ont pu constater que les bâtards, au premier croisement, tenaient plus de la lice française, pour les *qualités morales essentielles,* que de l'étalon anglais.

De ce principe, admis par la science, découle donc encore ce fait incontestable, « que le croisement entre deux bâtards au premier degré imprime au produit un cachet moral plus français *qu'anglais* ». Nous sommes parvenus, à l'aide de ces observations, à créer en Poitou des races de bâtards qui réunissent à toutes les aptitudes de l'excellent chien français d'autrefois les principales qualités du chien anglais, c'est-à-dire le *fond,* le *train,* la *santé.* Pour moi, le bâtard anglo-poitevin, croisé avec le sang anglo-saintongeois ou anglo-gascon, produira toujours le meilleur chien de chasse, le plus sage, le plus intelligent, le plus apte à la chasse du chevreuil.

Ne tirez jamais race de chiens d'une santé délicate, bricoleurs, muets, durs de nez, portés à prendre le change. Autant que possible, faites le croisement de la lice de trois quarts sang français avec le chien de trois quarts sang anglais, ou réciproquement : telle est la règle.

En procédant de la sorte depuis plus de trente ans, nous sommes parvenus en Vendée à créer une *sous-race* qu'on peut appeler anglo-poitevine-saintongeoise, bonne à toute heurte, forçant également sangliers, cerfs et chevreuils, gardant admirablement le change.

BÉLISAIRE, JOYEUSE, DEBARDEUR, ROCHESTER, SALADINE, anglo-saintongeois

*A M. le comte de Chabot.*

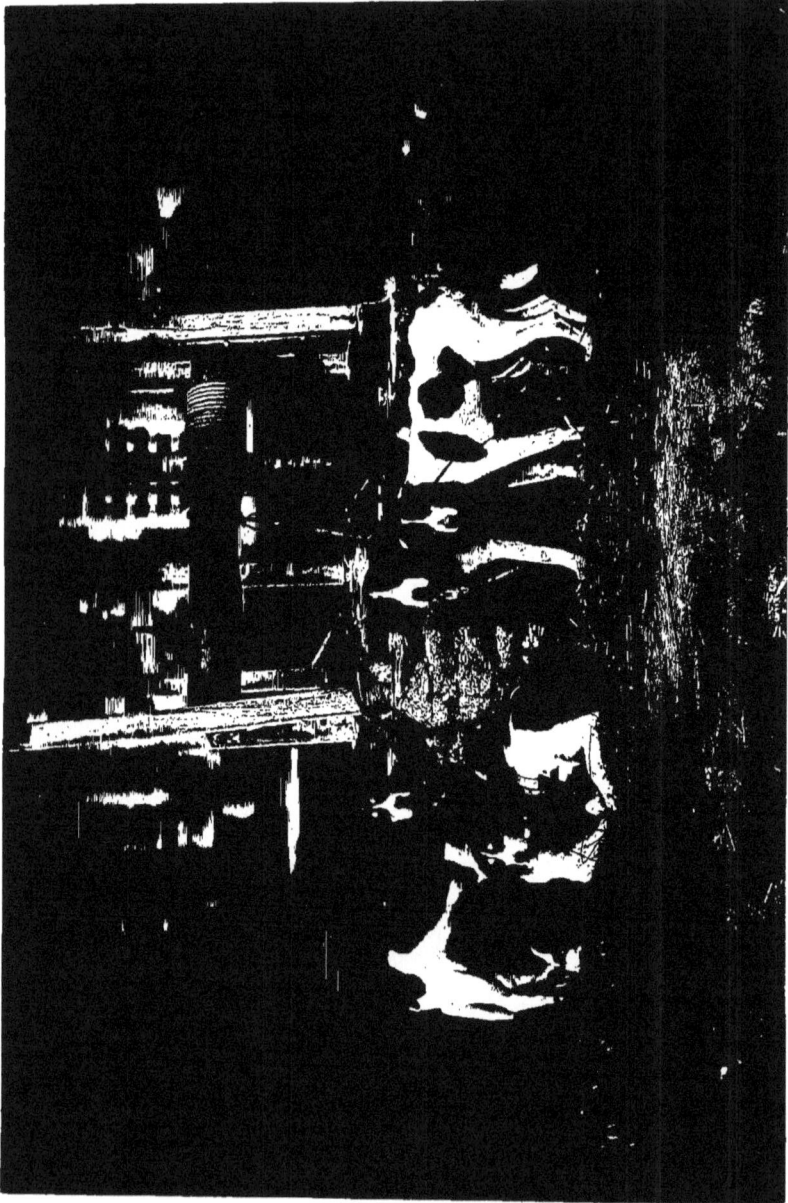

J'ai remarqué enfin que, en croisant toujours la lice de change avec le chien de change, on arrive à créer assez vite des chiens qui gardent naturellement le change, souvent même dès la première année : je pourrais en citer de nombreux exemples. Du reste, c'est, à mon avis, le même principe qui a certainement fixé les qualités du chien couchant, qui arrête naturellement ; du bull terrier, qui terre naturellement ; du barbet ou du water-spanish, qui ne se plaît que dans l'eau ; du chien de berger, etc., etc.

Je regrette, pour ma part, que tous les bons veneurs de France n'aient pas été présents cette année à notre réunion de Vezins ; ils eussent certainement admiré, hardé au rendez-vous du *Chêne brûlé,* un équipage composé de cent chiens blancs et noirs, tachetés de feu pâle sur les yeux, de haute taille, légers de corsage, mais musclés et bien reintés, profonds de poitrine, d'une construction élégante et irréprochable ; ils eussent remarqué surtout la merveilleuse intelligence, la sagesse incomparable de ces cent chiens découplés tous à la fois. Cette meute nombreuse, chassant ensemble pour la première fois de l'année, passait au milieu de hardes nombreuses de biches, de cerfs et de chevreuils, sans hésiter, et sans que, sur huit chasses de cerfs consécutives, nous ayons eu un seul change à redresser.

Comment faire un plus bel éloge de cette excellente race ? Nos veneurs de France les plus expérimentés oseraient-ils découpler sur un cerf dans une forêt vive, même avec une meute très réglée d'avance, exclusivement dans la voie du cerf, quatre meutes qui ne se connaissent pas entre elles ? Et cependant, à Vezins, les veneurs vendéens accomplissent tous les ans ce tour de force ; depuis plus de trente ans que nous y chassons, je ne sache pas qu'on ait manqué plus de huit ou dix cerfs : ce succès inouï tient évidemment à l'excellence de nos races de bâtards anglo-poitevins et anglo-saintongeois.

J'ajouterai en terminant que mon avis personnel, confirmé par la longue expérience de nos meilleurs veneurs, M. de la Débutrie, notre doyen et notre maître à tous, MM. Raymond de Chabot, de Béjarry, de Lépinay, etc., est que le premier chien du monde pour bien forcer le chevreuil habituellement, agréablement, sûrement, est le bâtard issu d'une race distinguée et suivie depuis longues années, sortant d'un chenil qui a la réputation de manquer rarement son chevreuil.

Quelques veneurs m'objecteront que le chien anglais peut convenir aussi bien que le bâtard, et qu'on a vu d'excellents chiens de pur sang rendre de grands services dans une meute de chevreuil.

Je répondrai à ceci que j'ai vu de parfaits chiens anglais chassant admirablement le chevreuil : mais, à mon avis, c'est l'*exception*. Un veneur distingué, M. Paul Caillard, dont nous avons remarqué à une exposition de Paris les cinquante jolies chiennes de pur sang qui composaient la meute de la Christinière, m'a assuré avoir chassé pendant un an le chevreuil avec l'équipage qui enlevait dans une demi-heure tous les renards lancés ; il ajoutait que jamais il n'avait sonné d'hallali, tant qu'il n'avait chassé le chevreuil qu'avec ses chiens anglais.

J'ajouterai à cette haute autorité des faits personnels.

La première année que, mon frère et moi, nous chassâmes le chevreuil à Chinon, avec un modeste équipage composé de quatorze ou quinze bâtards de quart sang ou de demi-sang anglais au plus, les jeunes chasseurs vendéens enlevèrent cinq chevreuils pendant le même laps de temps que MM. de Puységur, avec des chiens très près du sang anglais, employèrent à forcer deux chevreuils.

Quelques années plus tard, les chevreuils de Chinon ayant diminué, notre oncle, le général Auguste de la Rochejaquelein, nous engagea à joindre notre petite meute à celle de M. Raguin, actionnaire de la forêt de Chinon, et possesseur d'un fort bel équipage, composé de superbes chiens anglais et de bâtards très avancés dans le sang. Tous les chasseurs de Chinon ont été témoins de ce fait qui semble étrange : pendant la première heure, nos chiens avaient la plus grande peine à suivre le train, mais, au bout de ce temps, alors que la voie du chevreuil devenait plus légère et que la meute sentait l'animal de plus en plus malmené, nos chiens, plus fins de nez, plus adroits chasseurs, plus intelligents que les chiens anglais, prenaient la tête, et, coupant tous les crochets, serraient l'animal moitié plus vite que les anglais. Presque tous nos chiens dominaient les chiens anglais pendant la dernière heure. Nous fîmes de la sorte neuf attaques successives suivies d'autant d'hallalis.

Ce fait, qui semble extraordinaire au premier abord, s'explique par ce que j'ai rapporté plus haut des qualités distinctives du bâtard bien tracé.

Pour prendre un chevreuil, une meute très vite n'est donc pas nécessaire; les chiens très intelligents, dont le nez est fin, qui dans les défauts ont de l'initiative, et qui surtout *chassent adroitement* et *diligemment,* mettront toujours moins de temps en moyenne pour forcer un chevreuil, qu'un équipage très près du sang *anglais.*

J'ai dit que nos bâtards prennent également bien cerfs et chevreuils. Je citerai les forêts de Vouvant en Vendée, de Leppo et de Vezins en Anjou, etc., où nos meutes vendéennes pour le chevreuil forcent des cerfs à des époques fixées d'avance. Si je ne craignais pas de trop vanter mon modeste équipage de chevreuil, j'aurais des succès assez variés à enregistrer cette année : le 23 février dernier, je sonnai mon quarante et unième hallali, sur 43 *attaques :* 12 cerfs, 28 chevreuils et un sanglier. Depuis cette époque jusqu'au 23 mars, j'ai pu prendre, malgré les mauvais temps, 6 autres chevreuils; ce qui forme un total de 47 animaux forcés de meute à mort pendant la campagne de 1876-77, avec une meute composée seulement de 23 bâtards anglo-poitevins-saintongeois.

# CHAPITRE II

Tout vrai disciple du grand saint Hubert doit être sobre, tempérant, calme et mesuré dans ses paroles : la chasse, qui est une récréation licite et charmante, que les dames honorent souvent de leur présence, doit être une école de bon ton. Il ne faut pas faire, d'un délassement et d'un amusement permis, une occasion de disputes, de querelles, et, par suite, d'amers regrets : un maître d'équipage doit être affable, poli pour tous ceux qui lui font l'honneur de suivre ses laisser-courre ; il imposera par sa seule bienveillance mille fois plus que par son aigreur ou ses mauvais procédés. Pendant le laisser-courre, tout le monde doit s'y intéresser, je dirai plus, y prendre part ; pour les invités, c'est le seul moyen de s'amuser, et il faut qu'à la chasse *tout le monde s'amuse*.

Un jeune débutant pourra sonner à faux une vue sur un change, un vol-ce-l'est de chevreuil sur un pied de mouton, ou un retour au lieu d'un bien-aller. Tout ceci est de peu d'importance : une meute bien réglée, un maître d'équipage calme et solide, n'en seront nullement dérangés ; d'ailleurs, l'écolier ne sait pas tout, le maître le comprend, et, si son disciple qui fait une école est repris avec douceur, il ne retombera plus dans son péché.

La science de la chasse demande de la réflexion. Un veneur, maître de soi, modère son ardeur, et, par cela même, calme la fougue de ses chiens ; il ne peut du reste modérer l'ardeur de ses chiens qu'en se cal-

mant lui-même. Maître de ses actions, il juge plus sainement les difficultés, et devient par suite plus apte à les vaincre.

Le maître d'équipage, autant que possible, ne doit pas quitter la tête
de ses chiens ; attentif à leur manière de chasser, il sait que, par un mauvais temps, la voie d'un chevreuil qui se forlonge devient légère ; dans ce
cas, il presse ses chiens pour ne pas perdre de temps, et les aide à travailler diligemment. Si, au contraire, ses chiens chassent gaiement et sans
défaut, loin de les presser, il les calmera, les ralliera à la trompe, évitant
*surtout* de crier à tout propos ; il rompra les plus fougueux qui dérobent
la voie. Les observant sans cesse, le *bon veneur* arrête ou appuie ses
chiens, suivant qu'il le juge utile, leur parle souvent, doucement et à mi-
voix, les appelant toujours par leur nom.

Le *bon veneur* doit connaître à fond tous ses chiens, leurs différentes
qualités, leurs défauts, leurs aptitudes particulières ; sans cette connaissance, pas de vénerie possible, chaque pas compte une erreur de plus.
Dans certaines circonstances graves, alors que le veneur semble dérouté,
il doit parfois avoir plus de confiance dans ses bons chiens que dans lui-
même. Si nous avons plus d'intelligence, le chien a son instinct, et par-
dessus tout un odorat merveilleux. Le veneur qui débute doit donc
observer ses clefs de meute ; il apprendra mieux que dans les livres l'art
de la vénerie, en voyant chasser ses bons chiens.

Il faut très rarement *enlever* ses chiens ; outre que la meute est exposée par ce fait même à prendre le contre ou à partir sur un change, on
rend de la sorte ses chiens légers et volages. Si le temps est mauvais, que
vous chassiez un chevreuil forlongé, et dont la voie refroidie ne laisse
à la meute que la perspective d'une retraite manquée, aidez-vous de tous
les renseignements possibles, et alors marchez de l'avant ; vous jouez
votre va-tout, il est vrai, mais aussi vous avez quelque chance de réussir :
j'ai vu maintes et maintes fois des chevreuils relancés, après trois ou quatre heures, soit de forlongers, soit de défauts, relevés à force de travail,

de persistance et d'énergie : une charmante fin de chasse récompensait amplement la constance du maître d'équipage.

Le *bon veneur* sonnera près de ses chiens, et, quand ceux-ci chasseront franchement, il évitera de sonner trop loin des chiens, de peur que, sur un balancer ou sur un retour, la meute ne rallie à la trompe hors de la voie.

Pour avoir une meute souple, bien mise, *très ajustée,* le maître d'équipage doit faire arrêter tout chien séparé ; si ce chien a coupé un retour, le piqueur le tiendra sous le fouet en sonnant des *bien-aller* jusqu'à ce que la meute ait rallié ; quand toute la meute a rejoint, et qu'elle a été tenue sous le fouet pendant quelques secondes, le piqueur laisse le champ à son ardeur et sonne un *bien-aller*. C'est un parfait moyen d'apprendre aux chiens à s'arrêter facilement, à se calmer, à chasser plus sagement. Par ce moyen, les vieux chiens ont le temps de prendre haleine et d'arriver au secours des jeunes chiens, si le change vient à se présenter. Pour le maître d'équipage et pour ses invités, ce spectacle est plein d'intérêt ; l'assemblée est en outre assurée, tous les chiens étant bien ralliés, de jouir d'une musique et d'un ensemble parfaits : la chasse n'est, à mon avis, amusante qu'à cette condition.

Beaucoup de gens chassent, mais les veneurs sont rares ; bien peu étudient les vrais principes, pratiquent surtout par eux-mêmes ce noble exercice. Les amateurs qui suivent les laisser-courre de leurs voisins me permettront de leur donner un conseil d'ami. En lisant avec attention quelque bon livre de vénerie, en s'inspirant d'avance des meilleures méthodes, ils prendront plus d'intérêt à la chasse, deviendront aptes à se rendre utiles, sauront apprécier les qualités et les défauts des veneurs et de leurs chiens, en un mot, *s'amuseront à la chasse*. Le maître d'équipage, aidé de compagnons instruits, prendra, lui aussi, un plus vif intérêt aux succès de sa meute.

# CHAPITRE III

DE LA MANIÈRE DE FORMER UNE MEUTE

La première condition pour forcer habituellement le chevreuil est surtout de savoir former une meute : c'est le rôle du maître d'équipage.

J'ai déjà dit qu'il était admis par tous nos meilleurs veneurs de l'Ouest qui chassent le chevreuil, que le sang anglais, *staghound surtout,* mêlé dans une juste proportion avec celui de nos vieilles races françaises, réunissait au plus haut degré les qualités nécessaires à ce charmant laisser-courre. Une de nos autorités cynégétiques, M. de la Débutrie, écrit à ce sujet dans le *Sport,* numéro du 21 mars 1877, ces lignes significatives : « Le bâtard saintongeois ou du haut Poitou est le plus apte, pour ne pas dire le *seul,* qui convienne à ce courre ; j'en ai fait l'expérience. »

Je ne puis que m'incliner, et conseiller très sincèrement à tous ceux qui désirent former un équipage sérieux, de s'en tenir à cette décision si catégorique, fortifiée du reste par l'avis à peu près unanime des meilleurs veneurs du Poitou, de l'Anjou et de la Vendée.

Une taille ordinaire, 60 à 63 centimètres, suffit pour une meute de chevreuil ; cependant, plus la taille est élevée, plus l'aspect de la meute est flatteur. Pour que l'équipage soit correct, tous les chiens doivent être de même taille, de même couleur, de même forme, doivent avoir surtout *un air de famille.*

Ne conservez que des chiens de même pied : le chien trop vite, orgueil des jeunes *chassereaux,* doit être supprimé ; les chiens trop lents doivent être mis en relais vers la fin de la chasse s'ils sont de change, mais impitoyablement réformés s'ils sont médiocres : nous disons en Vendée, d'une meute bien réglée, *qu'on pourrait la couvrir avec un drap.*

Supprimez sans hésiter le chien qui aime à chasser seul, qui rallie en criant, qui bricole sur les côtés, qui laisse la voie pour la couper et la dérober, qui lève le nez en l'air dans les défauts, qui ne crie pas ; un seul chien dangereux désorganise toute une meute.

Jamais un veneur, quelque habile qu'il soit, ne rend *bon* un *mauvais* chien : or, bon chien chasse de race, dit le plus vrai des proverbes. Si donc vous montez un équipage de chevreuil, sachez où se trouve une bonne race de chiens ; ne craignez pas de l'aller chercher au loin, et, coûte que coûte, procurez-vous-en des sujets distingués. Avec des chiens de mauvaise race, ou de race peu suivie et peu fixée, un veneur habile ne chassera jamais agréablement ; il *peinera, trimera,* obtiendra difficilement un succès au prix de mille fatigues et de nombreux déboires. Avec une bonne espèce de chiens, les difficultés s'aplanissent naturellement, la chasse devient un jeu, une récréation charmante.

Tels sont, en résumé, les devoirs d'un bon maître d'équipage.

Avant de clore ce chapitre, je dirai quelques mots de la vénerie telle qu'elle se pratique aujourd'hui en Angleterre, et de la vénerie française actuelle.

La chasse du renard, si toutefois on peut donner ce nom à un véritable steeple-chase accompli en quarante minutes par cent sportsmen et plus, montés sur des chevaux de pur sang, ou le plus près possible du sang, à la suite de cinquante couples de chiens entraînés journellement, muets,

BANCO, ROQUELAURE, DUCHESSE, JONGLEUR, anglo-poitevins

A M. le comte de Chabot.

vites comme des traits, chassant le renard dans un pays découvert, le fox-hunting, dis-je, n'a d'autre attrait que celui de franchir des obstacles imprévus, de courir à bride abattue, d'éprouver sérieusement la vitesse des chiens et des hunters, la solidité, l'audace et l'énergie des cavaliers. Excellente école de cavalerie, médiocre école de vénerie, tel est, en peu de mots, le fox-hunting anglais.

Rendons cependant hommage au talent des éleveurs anglais : avec leur étonnante habileté et leur esprit pratique, ils ont su créer le chien et le cheval les plus aptes à ce genre de sport. De plus, ils savent entretenir en bonne santé et entraîner admirablement leurs meutes, les assouplir, les *resler,* les créancer surtout : l'ensemble d'un grand chenil anglais est superbe et vraiment aristocratique ; l'équipage semble avoir été fondu dans le même moule. Entretenus avec un luxe inouï de propreté, ces chiens au poil luisant, à la solide charpente, réjouissent l'œil de tout connaisseur : n'oublions pas que c'est grâce à ces chiens que nous avons régénéré nos races françaises qui menaçaient de disparaître, et que, à mon avis, leurs bâtards ont avantageusement remplacées. Ce que j'ai dit plus haut ne s'applique pas aux équipages anglais qui chassent le cerf et le lièvre : sept meutes chassent le cerf en boîte, deux le chassent dans des forêts où ils sont en liberté et à l'état sauvage ; plus de cent meutes composées de harriers et de beagles chassent le lièvre suivant les meilleurs principes de la vénerie.

Je ne dirai qu'un seul mot de la vénerie française actuelle : ses vieilles traditions pieusement conservées font encore de la France le pays de la vénerie par excellence ; que dis-je ? la France est encore à peu près le seul pays où l'on chasse véritablement *suivant les règles de l'art.*

Avec une fortune médiocre, un pauvre veneur entretient péniblement vingt-cinq chiens, quatre chevaux, un piqueur et un jeune valet de chiens ; mais il a appris l'art de la vénerie plus encore par sa propre expérience que dans ses auteurs favoris ; suivi de ses chiens, qui lui obéissent, l'aiment et le connaissent, il attaque résolûment, en tout pays et par tous les temps, cerfs et chevreuils, triomphe des plus grandes difficultés, et, au lieu de s'amuser et d'amuser ses invités pendant trente ou quarante minutes, il fait passer à tous ses compagnons *une bonne journée.*

Aimons donc et la France, et la vénerie française, et saint Hubert, notre glorieux patron !

# LIVRE IV

DESCRIPTION DU CHEVREUIL

— DE LA NATURE ET DES HABITUDES DU CHEVREUIL

— DE LA TÊTE DU BROCARD

— DU PIED DU CHEVREUIL ET DE LA MANIÈRE DE LE JUGER

PAR CETTE CONNAISSANCE

# CHAPITRE PREMIER

## DESCRIPTION DU CHEVREUIL

Le chevreuil est un animal léger de corsage, élégant, plus petit que le cerf, mais ayant avec lui une certaine ressemblance. Il broute les pousses de genêts, de bourdaine, de bruyère, les chatons de saule, les feuilles tendres du lierre et du chèvrefeuille, ce qui lui a valu le nom de chevreuil, par analogie avec les habitudes de la chèvre.

Le chevreuil, à l'état adulte, mesure environ 70 à 80 centimètres de hauteur sur une longueur totale de $1^m,20$ à $1^m,30$; son poids vif peut être évalué de 25 à 35 kilos, suivant son âge et son sexe.

Le brocard seul possède des bois; on rencontre parfois, dit-on, certaines vieilles chevrettes bréhaignes qui en portent : je n'en ai jamais vu.

Le chevreuil a une tête élégante, l'encolure longue et fine, les jambes menues; il porte, sous la première jointure des pattes de derrière, un bourrelet couvert de poils : la couleur du chevreuil est d'un ton uniformément roux ou fauve clair; cependant le dessus de la tête et le chanfrein sont plus foncés et presque noirs; le menton est blanc; les jambes et le ventre sont d'un fauve plus clair que le reste du corps.

En hiver son pelage est gris; le vieux brocard porte alors sur le devant du cou une large tache blanche qui le distingue du jeune chevreuil. L'été, sa couleur est d'un roux vif et uniforme.

C'est en résumé un charmant petit animal et certainement, après le cerf, le plus élégant des hôtes de nos forêts.

# CHAPITRE II

Le Verrier de la Conterie nous dit que le chevreuil est doux, familier, et que, lorsqu'il a été élevé jeune, il vous suit comme un chien ; « mais qu'il est brave au point de livrer bataille à un cerf *dix-cors* : dans le combat il n'oppose pas sa petite tête à celle du cerf ; il la coule sous le ventre de ce dernier et lui porte de si furieux coup d'andouillers, qu'il l'oblige de fuir, souvent même le blesse à mort. » Son caractère est gai, folâtre et rusé ; il est aussi très curieux : j'ai ouï dire maintes fois que les braconniers de la forêt de Chinon tuaient beaucoup de chevreuils *sans chiens* et de la manière suivante : ils fouillent sans faire de bruit les enceintes fourrées, et lorsqu'un chevreuil a faré devant eux, ils restent immobiles : au bout de quelques instants le chevreuil ne tarde pas à retourner sur ses pas pour regarder, souvent de très près, quelle a été la cause de son effroi ; une main sûre, un fusil armé d'avance ne tardent pas à faire payer cher au pauvre animal sa folle curiosité.

Dans son excellent traité de la chasse à courre, Le Verrier de la Conterie confirme le fait ; dans le chapitre, qui traite de la manière de détourner un chevreuil, procédé que j'indique ici comme étant le seul vraiment rationnel, en dehors de la méthode que nous avons généralement cru devoir adopter dans l'Ouest, je lis les lignes suivantes :

« Je fais suite, dit-il, jusqu'à ce que mon chevreuil soit lancé, et aussi-

« tôt debout je brise et me retire. Il ne faut pas qu'au *lancer* le limier
« donne le moindre coup de gorge, parce qu'alors le chevreuil, assuré
« qu'un chien le poursuit, fuirait en avant, et l'on aurait peine à le ren-
« fermer dans une autre enceinte ; mais quand il n'a bondi qu'au bruit
« qu'on fait ordinairement en *brossant,* il n'a nulle autre inquiétude
« qu'une espèce de curiosité qui le prend, un moment après, de voir ce
« qui lui a donné lieu de bondir : ne trouvant rien qui lui fasse ombrage,
« il croit avoir eu peur mal à propos, et se remet à vingt pas d'où il
« était. »

Le chevreuil vit en famille avec sa chevrette et ses faons ; ils vont
peu au gagnage comme les cerfs, donnent quelquefois cependant dans
les trèfles et les blés ; mangent des glands, des faînes, et des fruits sauvages, boivent rarement, surtout quand la rosée de la nuit a été abondante.

En hiver, ils se plaisent dans les forêts garnies de genêts, de bruyères
et de ronces ; ils préfèrent les coteaux exposés au midi, contre lesquels
ils s'abritent du froid ; au printemps, ils se mettent dans les taillis de
deux ou trois ans pour y *viander* des pousses nouvelles, de la bourdaine
surtout dont ils mangent avidement au point d'en être *enivrés :* on les
voit alors quitter les grandes forêts, courir les champs, se remettre dans
les petits boqueteaux et se faire tuer facilement par les braconniers.

Les chevreuils ont les mêmes maladies que les cerfs : la diarrhée, la
consomption sont leurs affections les plus communes ; quand ils se mul-
tiplient par trop, ils meurent d'anémie et d'appauvrissement du sang, et
c'est ainsi que j'ai vu des petites forêts et des parcs entièrement dépeuplés.

Les principaux ennemis du chevreuil sont les loups, les renards, les
chats sauvages qui tuent souvent les jeunes faons.

Lorsqu'il est trop multiplié, le chevreuil fait au bois un tort considérable en broutant les jeunes taillis jusqu'à deux ans : il déterre avec ses
pieds les glands de semis et fait tort aux jeunes sapins en y frottant con-
tinuellement sa tête et en mangeant les pousses pendant l'hiver.

Quant à la chair du chevreuil, chacun sait à quel point elle est appréciée par nos gourmets.

Le rut du chevreuil n'a lieu qu'une fois par an, et commence vers la fin d'octobre ; il dure environ quinze jours. Les chevreuils sont beaucoup plus tranquilles que les cerfs ; ils ne rayent pas et se battent rarement.

La Conterie dit que le brocard se contente de sa chevrette, et qu'il est *si fidèle* qu'il ne quitte pas sa compagne, qu'il est payé du plus tendre retour, récompense de sa fidélité. Il ajoute que la chevrette « aime si fort son époux que, lorsqu'il est poursuivi par des chiens, elle se livre elle-même pour le dégager. »

— Cette opinion est fort contestée de nos jours ; j'ai vu pour ma part, dans le parc d'Ussé en Touraine, quatre chevrettes renfermées avec un brocard, et avoir toutes des faons.

Cinq mois et demi après la saison du rut, la chevrette met ordinairement bas un, deux, rarement trois *faons ;* cinq ou six jours avant de faonner, elle quitte son brocard, et se choisit un lieu épais et peu fréquenté, où elle puisse faire ses petits à l'abri des chiens, des loups, et surtout des renards, leurs plus mortels ennemis.

« Quinze jours écoulés d'une absence la plus cruelle, dit encore Le
« Verrier de la Conterie, elle revient trouver à la tête de sa petite famille
« le plus tendre et le plus fidèle des époux ; la joie succède à la douleur ;
« tantôt il caresse la mère, bientôt ses enfants ont leur tour ; en un mot
« il prend d'eux un soin tout particulier. Tandis que la mère les allaite,
« il monte la garde autour de leur demeure, et si malheureusement les
« chasseurs les y attaquent, on voit ce bon père se livrer aux chiens,
« fuir d'abord lentement pour les *ameuter* à ses trousses, après quoi il
« fait une fuite extrêmement longue pour les tirer du canton où il a
« laissé sa femme et ses enfants. »

Les jeunes faons portent, en naissant, la livrée comme les cerfs : ils sont d'un brun rouge tacheté de blanc ; après quinze jours, ils ont pris assez de force pour suivre leur mère qui les ramène alors auprès du brocard. La mère les allaite pendant quatre mois, les cache dans les endroits les plus fourrés, et les protège vaillamment contre leurs cruels ennemis ; elle se donne aux chiens comme le brocard pour les sauver et les défendre : à l'âge de dix ou onze mois les jeunes chevreuils quittent leur père et mère et courent à leur tour fonder une nouvelle famille.

# CHAPITRE III

A la fin de la première année, la tête du jeune brocard commence à s'orner de deux petites dagues très minces et peu élevées, appelées *broches;* ils les jettent à deux ans; chaque année leur bois se renouvelle.

Aussitôt après le rut, les chevreuils muent et mettent bas leur tête; dans les premiers jours de décembre elle commence à *se refaire :* jusqu'en mars on dit de leur tête qu'elle est *en velours*. Les brocards *touchent* alors au *bois*, vont aux *frayoirs*, et font tomber *leurs lambeaux;* après quoi la nature prend le soin de brunir leur tête.

Au commencement de la troisième année chaque perche jette en avant un andouiller, à 7 ou 8 centimètres de la meule.

Les années suivantes, les bois continuent à grossir, les andouillers allongent jusqu'à ce que le brocard devienne *dix-cors*. On reconnaît la vieillesse d'un chevreuil par le merrain qui est *haut, gros* et bien *perlé;* la *meule* est *large*, bien *pierrée*, et près du *têt :* quelquefois, mais par exception, les bois du chevreuil portent plus de trois andouillers. On ne peut tirer aucun indice certain de l'âge du chevreuil, par le nombre de ses andouillers. Bien plus, à mesure que le brocard avance en âge, la hauteur et le nombre des andouillers diminuent; s'il parvient à la vieillesse, il n'a plus ordinairement que deux grosses dagues souvent recourbées en avant ou en arrière, ou des têtes *bizardes* dont le merrain est gros et les

# TÊTES DE BROCARDS

Daguet.

Dix-cors.

Vieux dix-cors
tête bizarde.

Chevrillard.

Vieux dix-cors.

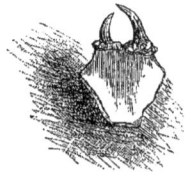

Très vieux dix-cors.

Deuxième tête.

Troisième tête.

Quatrième tête.

10

andouillers très peu développés : enfin les deux meules, comme chez le cerf, se *touchent, s'abaissent,* deviennent *larges* et épaisses. Tant que la tête du chevreuil est molle, pendant les mois de décembre et de janvier, elle est extrêmement sensible ; ce qui explique pourquoi les brocards, à cette époque de l'année, débuchent très fréquemment en plaine ; la douleur que le choc fréquent de leurs bois en velours contre les taillis leur occasionne, les oblige à quitter presque toujours leurs demeures peu de temps après le lancer. Cette remarque est bonne à noter pour les chasseurs de chevreuil.

# CHAPITRE IV

« Les chevreuils se jugent au pied comme les autres animaux; ce-
« pendant les plus habiles gens conviendront qu'un brocard qui n'est pas
« au moins à sa troisième tête est très difficile à distinguer de la vieille
« chevrette; mais à sa quatrième tête certains connaisseurs se trompent
« rarement; car il a *plus de pied devant que derrière,* les *pinces* sont
« plus *rondes,* le *talon plus gros,* la jambe plus large, les os *mieux*
« *tournés,* les allures plus grandes et plus régulières que la chevrette qui
« a le *pied creux,* les *côtés tranchants,* les *pinces fort pointues,* et qui *se*
« *méjuge* toujours.

« Pour bien juger les chevreuils, il faut qu'il fasse *très beau revoir,*
« car cet animal est si léger et si alerte, qu'à peine il touche la terre.
« Une connaissance qui n'est pas à négliger, sont les *régalis.* Quand, en
« faisant suite, votre chien vous en remontre dans les voies, vous pouvez
« être sûr que c'est d'un brocard. »

(LE VERRIER DE LA CONTERIE.)

Les connaissances qu'on tire de la tête du chevreuil ne peuvent
servir que quand on voit l'animal par corps; il faut s'attacher au juge-

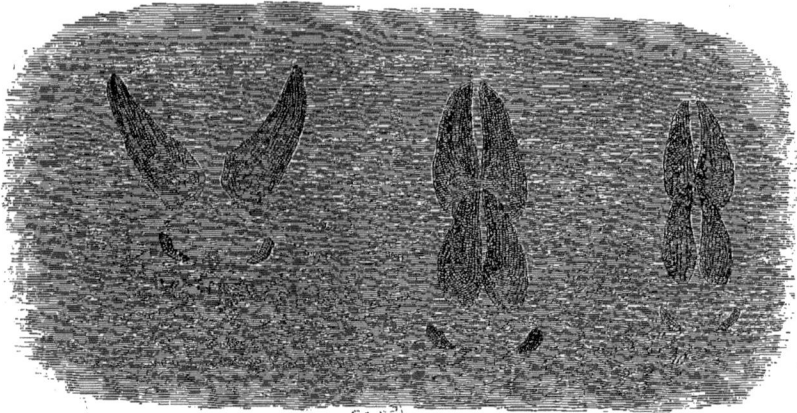

N° 1.

Brocard fuyant.

N° 2.

Brocard marchant
d'assurance.

N° 3.

Jeune Brocard
ou Chevrillard.

N° 4.

Chevreuil sur ses fins.

N° 5.

Chevrette chargée
fuyant.

N° 6.

Jeune Chevrette
marchant d'assurance.

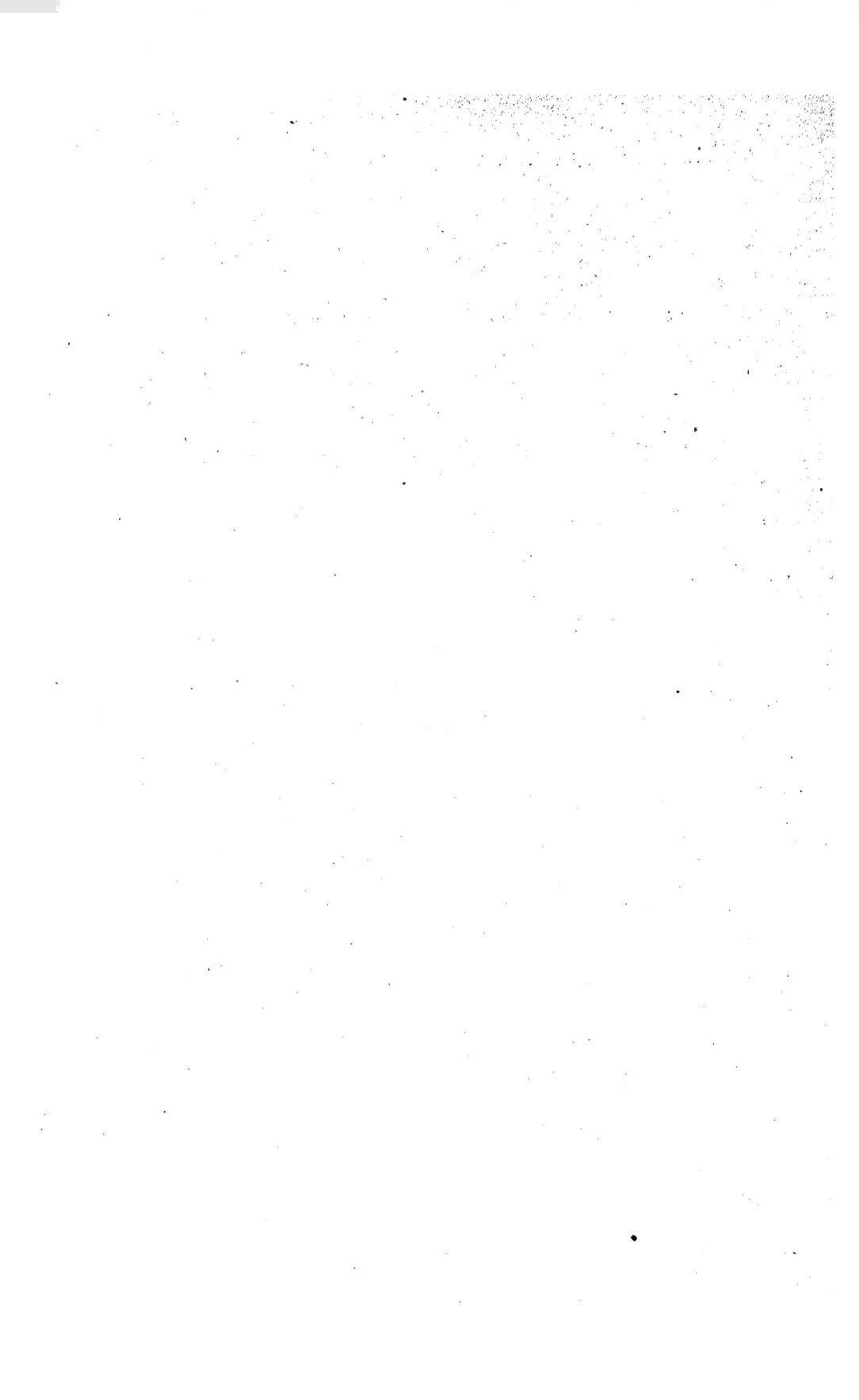

ment par le pied, qui est essentiel, mais qui est aussi un des jugements les plus délicats de la vénerie.

Il est très difficile de distinguer le pied du brocard de celui de la chevrette, surtout les jours de mauvais revoir. Les jours de beau revoir, on peut arriver à distinguer à peu près sûrement le pied d'un brocard, à sa quatrième, cinquième et sixième tête, du pied d'une chevrette.

Un chevreuil de cet âge a plus de pied devant que derrière; il a les pinces plus rondes, le talon gros, la jambe plus large, les os plus gros et plus tournés en dedans que la chevrette, qui a le pied creux, les côtés tranchants, les pinces pointues et les os moins tournés en dehors. Quand un chevreuil est dix-cors et qu'il habite une forêt pierreuse et sablonneuse, il a le pied fort usé, le talon à proportion, les pinces rondes, les os gros, usés et bien tournés en dedans, et les côtés usés au niveau de la sole; devenu vieux chevreuil, il se ravale, et la jambe lui rétrécit, proportion gardée, comme aux très vieux cerfs.

On juge aussi les chevreuils par les allures. Celles des brocards sont régulières, et ils placent leurs pieds à une distance égale. Les jours de beau revoir, on a souvent un pied de chevrette à côté de celui du brocard pour faire la comparaison, ces animaux aimant surtout à vivre en société.

La connaissance du pied fait distinguer facilement le faon, le daguet, le vieux chevreuil; mais, pour un brocard isolé, la connaissance est très difficile, et là, plus qu'ailleurs, le piqueur prudent doit dire : « Je le « soupçonne ou je le crois brocard. »

Les chevreuils ont très communément des connaissances au pied, ce qui devient fort utile.

C'est ici le lieu de parler de la connaissance du pied pendant le cours de la chasse, indication de la plus haute importance pour le veneur sérieux.

Au lancer, le chevreuil bondit et court légèrement; les pinces du pied s'écartent, mais les os de la jambe marquent peu ; après une heure de chasse vive, le chevreuil, même celui qui marche d'assurance, appuie fortement sur le talon ; la jambe et les os portent, et les pinces écartées laissent apercevoir la forme complète du pied. Vers la fin de la chasse, au contraire, le chevreuil malmené a les pattes raides ; il marche comme un cheval fourbu, piqué droit sur le bout des pinces ; le pied se resserre tellement qu'on ne distingue guère, surtout si l'animal marche au pas, que l'extrémité des deux pinces ; les os et la jambe ne portent plus par terre ; on peut à peine reconnaître le pied de son animal de chasse : dès lors le chevreuil ne peut tarder à être pris.

Pendant que nous chassions à Chinon, le vieux Blaise, piqueur de M. le comte J. de Puységur, aimait à suivre les laisser-courre du général de la Rochejaquelein. Combien de fois, en regardant le vol-ce-l'est du chevreuil de chasse, ne nous a-t-il pas dit : « Allons, messieurs, si vous continuez à le malmener de *la sorte,* l'animal en a encore pour *un quart d'heure,* ou pour *vingt minutes,* ou pour *une demi-heure.* » Doué d'un merveilleux esprit d'observation, le père Blaise a toujours causé l'admiration de tous ceux qui ont connu ce célèbre piqueur. Il a formé MM. de Puységur, et c'est tout dire.

# LIVRE V

DE LA MANIÈRE DE CHASSER ET DE FORCER

LE CHEVREUIL

# DE LA MANIÈRE DE CHASSER

## ET DE FORCER LE CHEVREUIL

Je suppose que votre équipage se compose de vingt ou de vingt-cinq chiens de bonne race, actifs, requérants, intelligents et vigoureux ; que vous ayez une santé robuste, et par-dessus tout le *feu sacré,* de solides compagnons de chasse, un piqueur intelligent, sage et prudent ; si vous ne tenez pas à choisir un brocard, attaquez de meute à mort avec tout l'équipage ; du premier coup de collier dépend ordinairement le succès. Souvent la meute se divise, deux ou trois animaux bondissant à la fois ; ameutez vivement, en faisant rallier les chiens épars au gros de la meute, de peur qu'un chevreuil, échauffé par quelques chiens vigoureux, ne rende plus tard le change difficile à maintenir. La première randonnée, par un beau temps surtout, est assez vive, et généralement les difficultés sérieuses ne surgissent qu'au bout d'une heure.

L'animal fait d'abord retours sur retours. Ne quittons pas les chiens de tête ; s'ils accusent la double voie en plein fourré, dans un endroit où la portée soit suffisante, nul doute que le chevreuil ne se soit replié sur les arrières. Prenons nos retours au petit trot, en sonnant et en encourageant les chiens. Si, au contraire, la meute s'arrête sur le bord d'une ligne ferrée, d'un fossé plein d'eau, d'une clairière et d'une route fréquentée, elle est exposée à *suraller* la voie ; le travail sur les devants est

11

indiqué tout d'abord. Dans le cours de la chasse, gardons-nous, surtout au premier balancer, de crier *au retour* légèrement et sans nous rendre compte de la cause de l'hésitation des chiens; défaut trop commun à nombre de chasseurs, intelligents cependant, qui croient que le chevreuil n'a pas d'autre ruse que de retourner en arrière. Heureux le veneur qui possède dans son équipage trois ou quatre chiens qui commencent, d'abord, par travailler sur les devants; ces chiens feront forcer nombre de chevreuils, et dresseront *maître* et *piqueur*.

Le chef d'équipage ne doit jamais laisser au seul piqueur le soin de suivre de près la meute; il est indispensable d'être deux au moins à la queue des chiens; j'ajoute qu'il est très utile d'être trois. Avec un équipage habitué à chasser le chevreuil, il arrive sans cesse que les retours sont coupés par des chiens qui les éventent, soit en chassant par la voie, soit en ralliant à la tête. Si trois cavaliers serrent les chiens de près, un des chasseurs suit les chiens qui continuent à chasser la voie droite jusqu'à l'endroit où le retour a eu lieu, l'autre sert les chiens qui ont coupé le crochet, le troisième aide le premier à faire rallier à la tête les chiens tombés à bout de voie.

C'est ici le moment de remarquer que le chevreuil a l'habitude, s'il commence à faire ses retours par la droite ou par la gauche, de continuer ainsi pendant toute la chasse : cette observation est importante.

Depuis deux heures, les chasseurs suivent de près la meute; les retours sont vivement coupés; l'animal semble à bout de forces, quelques jeunes chasseurs sonnent déjà l'hallali courant; le chevreuil est-il donc si près de ses fins? Il a encore dans *son sac* quatre bonnes ruses dont il se sert parfois avec une intelligente ténacité : les *doubles voies,* le *bat-l'eau,* le *change* et l'*accompagner.*

Avant d'avoir entendu le cri de détresse du chevreuil, nul ne peut donc se flatter d'un hallali certain.

## § 1. — *Des doubles voies.*

On dit qu'un chevreuil reprend sa double voie : 1° quand l'animal se *me sur le ventre,* laisse passer les chiens et revient en arrière sur le contre de la voie chassée; 2° quand, après avoir fait un demi-cercle, il revient également en arrière sur le contre de sa voie. Cette ruse est fréquemment employée par le chevreuil, par la chevrette surtout, et avec succès souvent; dans ce cas, l'intelligence du veneur peut seule suppléer à la finesse de l'odorat de ses meilleurs chiens : l'équipage, trouvant une voie déjà foulée, s'arrête généralement; le chasseur qui peut tenir ses chiens *à la botte* s'apercevra facilement de la ruse de l'animal; mais, si les difficultés du terrain l'empêchent de suivre de près ses chiens, il doit avoir soin de se mettre toujours sous le vent de chasse, et d'avoir l'oreille constamment tendue; de cette façon, il pourra s'apercevoir peut-être de ce grave embarras. Il doit, dans tous les cas, aussitôt qu'il en a la connaissance, sonner des retours le plus près possible de la voie chassée, et longer les doubles voies *indéfiniment,* c'est-à-dire jusqu'à l'endroit où il pourra reconnaître le vol-ce-l'est d'aller. Si le vol-ce-l'est de retour n'est pas marqué, il est clair, ou que l'animal est remis sur le côté, ou qu'il a fait un crochet que les chiens n'ont pas relevé. Le veneur expérimenté travaillera vivement sur les deux côtés de la voie, en commençant par le côté sur lequel le chevreuil fait habituellement son retour. C'est le moyen de ne pas perdre de temps et de relever facilement ce défaut. C'est ici le lieu de remarquer que le chevreuil qui refait ses mêmes erres, pendant le laisser-courre, est certainement le chevreuil de meute. Cette observation est une indication précieuse dont on doit tenir bonne note.

Le chien qui a connaissance de la double voie, qui la démêle en

criant, est fort rare : c'est une perle précieuse pour un équipage de
chevreuil ; dans les forêts surtout, où l'on ne peut servir ses chiens.

La finesse de son nez, et surtout son instinct naturel, peuvent seuls
apprendre au chien de bonne race à triompher d'une semblable difficulté :
le dressage, même le plus suivi et le plus intelligent, ne peut y suffire.
Il y a des chiens chauds de gueule qui crient toujours sur les retours ;
ils sont très dangereux, quand surtout une double voie se présente, parce
qu'ils maintiennent le chasseur dans l'incertitude ; on doit les réformer
sans pitié.

## § 2. — *Du bat-l'eau.*

A l'époque où, mon frère et moi, nous chassâmes pour la première fois
le chevreuil dans la forêt de Chinon, nous étions très préoccupés de deux
petits ruisseaux dont les veneurs du lieu nous avaient sans doute exagéré
la difficulté : le Regeau, en basse forêt, et la Vaunoire, en haute forêt :
sur plus de cent chevreuils attaqués et presque tous pris gaillardement,
un seul fut manqué à l'hallali courant dans la Vaunoire ; à part cet insuc-
cès, nous n'avons jamais eu à nous plaindre de ces deux ruisseaux, d'un
cours très borné, et par suite à peu près inoffensifs.

Les seules difficultés vraiment sérieuses que j'aie rencontrées dans ma
carrière de veneur, et qui jusqu'ici ont découragé nombre de chasseurs,
ce sont les canaux multiples du Gâvre, splendide forêt de 4,500 hectares,
aux portes de Blain, dans la Loire-Inférieure. Les canaux qui la sillonnent
se bifurquent en tous sens, et se réunissent plus loin pour former, à la
sortie de la forêt, de petites rivières ; ils sont en général très proprement
entretenus ; leurs bords, à pic, débarrassés des plantes adventices qui les
obstruent pendant l'été, ne laissent aucun sentiment à l'odorat des chiens.

De plus, à moins d'une succession assez longue de jours pluvieux,
l'eau coule en général doucement sur un lit de cailloux roulés, à une hau-

teur moyenne qui varie de 20 à 25 centimètres. C'est alors que les ruses dans l'eau sont les plus dangereuses, l'animal pouvant également suivre les canaux *en amont* ou *en aval*. Quand, au contraire, ces canaux, qui mesurent ordinairement 3 mètres de largeur sur 1 mètre de profondeur, sont convertis, par l'effet des pluies, en petits torrents, le veneur voit sa besogne simplifiée de moitié; le chevreuil, forcé de nager, se laisse aller presque toujours au cours précipité du ruisseau.

Le maître d'équipage, qui chasse le chevreuil au Gâvre, que doit-il donc faire quand la meute arrive à un canal?

Je suppose toujours que son piqueur et lui n'ont pas quitté la tête des chiens, et qu'ils arrivent au canal en même temps que la meute; la présence de deux hommes sérieux est indispensable. Ou le chevreuil a de l'avance et les chiens arrivent au canal en forlonger, ou il est près des chiens et mené vivement. Si le chevreuil a de l'avance, il peut avoir fait quatre tours de son métier : 1° avoir sauté le canal et piqué en avant; 2° avoir fait un retour sur les arrières; 3° avoir longé le canal en amont si la profondeur de l'eau le lui permet; 4° avoir descendu le ruisseau.

Le fin chasseur, après avoir laissé à ses chiens le temps de prendre leurs *devants,* fera, sans hésiter, retourner *en arrière* son piqueur jusqu'à ce qu'il ait trouvé le vol-ce-l'est d'aller. Le piqueur examinera alors avec soin si le pied de retour est marqué sur le vol-ce-l'est d'aller; pendant ce temps, le maître d'équipage longera le canal, soit en amont, soit en aval, suivant en cela sa propre inspiration. Si le piqueur ne trouve pas la voie sur le retour, et que le défaut n'ait pas été relevé par le maître d'équipage qui aura travaillé *en amont,* par exemple, il descendra le cours de l'eau le plus vite possible, en commençant à l'endroit même où les chiens sont tombés à bout de voie. En travaillant de la sorte, le défaut sera relevé vivement et sûrement.

Les chiens qui marquent la voie dans une eau claire, qui n'offre aucune portée, sont fort rares ; ils s'y habituent cependant beaucoup plus aisément qu'aux ruses des doubles voies. J'ai vu au Gâvre des chiens relever merveilleusement les défauts dans l'eau. Rien n'est beau comme de voir cinq ou six chiens sûrs, criant gaiement et galopant à l'envi dans les canaux. La meute les suit en courant sur les bords, s'élance à chaque instant dans l'eau, et, n'ayant pas connaissance de la voie, bondit sur les berges jusqu'à ce que les chiens qui travaillent sur les côtés aient redressé la sortie de l'eau. La meute, joyeuse de retrouver la voie de son animal, repart avec une ardeur toute nouvelle : les trompes sonnent gaiement *la sortie de l'eau.* Ce moment est toujours un des plus intéressants de la chasse du chevreuil.

Si, au contraire, l'animal *n'a pas d'avance,* il n'a ni le temps ni la volonté de faire un retour ; ou il bondit par-dessus le canal, et alors l'équipage n'hésite pas et empaume facilement la voie de l'autre côté, ou il le longe, soit en amont, soit en aval ; deux hommes, dans ce cas, travaillant au trot, l'un en remontant, l'autre en descendant le cours de l'eau, suffisent pour avoir promptement raison de cette difficulté. L'ardeur des chiens qui sentent leur animal très près d'eux leur aide singulièrement dans cet important travail. Ce mode d'agir m'a presque toujours réussi ; je n'en connais, en conscience, aucun autre. A ceux qui voudront bien croire que je ne mets aucune prétention à émettre cet avis personnel, je dirai loyalement : « Faites-en l'essai. » Quelques veneurs se serviront certainement de ces indications, et s'en applaudiront, je n'en doute pas : je m'estimerai trop heureux si, dans un cas aussi périlleux, je leur ai rendu service.

## § 3. — *Du change.*

Il existe une très grande différence entre le chien qui garde le change sur le cerf et le chien qui garde le change sur le chevreuil : le premier se rencontre journellement et dans tous les bons équipages de cerf; le second est infiniment plus rare; cela s'explique par la grande différence qui existe entre le sentiment que laissent ces deux animaux. L'odeur du premier est beaucoup plus forte; celle du second a beaucoup plus d'analogie avec le sentiment du lièvre, elle est donc infiniment plus légère.

Le chien qui garde le change le garde, à mon avis, par *la finesse seule de son odorat,* qui lui fait distinguer la différence des effluves de l'animal échauffé d'avec celles qui s'échappent du corps d'un animal qui vient d'être lancé. J'ai été cent fois à même d'apprécier la valeur de cette assertion. Un chevreuil frais bondit, pendant la chasse, au nez des chiens de tête et sur un endroit découvert; j'ai vu souvent les meilleurs chiens faire quelques pas à sa suite, et pendant tout le temps que l'animal était à vue; à peine le chevreuil était-il entré au fourré, que le chien *sûr de change,* s'arrêtait aussitôt, *prenait à la branche,* goûtait la voie et la refusait net : son odorat était donc son seul guide, puisque la finesse même de sa vue avait été mise en défaut.

Mais comment le maître d'équipage s'aperçoit-il du change? Comment le redresse-t-il? Comment peut-il former des chiens de change ?

Si le maître d'équipage est assez heureux pour posséder des chiens de change, il s'aperçoit immédiatement du change, ses chiens s'arrêtant et refusant la voie. Dans le cas contraire, il peut encore reconnaître le change quand, en suivant ses chiens de près, il voit les meilleurs mollir et céder la tête aux plus jeunes. J'ai dit ailleurs que la connaissance du pied était indispensable; cette science est surtout utile quand on ne possède pas de chien de change. Le bon veneur s'assurera donc du pied le plus souvent possible pendant le cours de la chasse; de cette façon, il pourra parfois reconnaître le change. Son devoir est alors d'arrêter la meute, et d'essayer de relever la voie sur les devants, les arrières et les côtés : aussitôt que les vieux chiens la *reconnaîtront,* ils reprendront d'eux-mêmes leur rang, porteront la tête, chasseront plus gaiement que les jeunes. C'est encore un des moments où le véritable veneur éprouve le plus de jouissance : l'intelligence et l'ardeur de ses braves chiens le récompensent amplement de son travail.

Si, comme il arrive parfois, le chevreuil a disparu, s'est évanoui en quelque sorte; si le change bondit de tout côté, et que les difficultés semblent insurmontables, vous n'avez qu'une seule ressource : ramenez au plus vite la meute à l'endroit même où, pour la dernière fois, vous êtes certain d'avoir eu la voie de votre animal de chasse. Vous avez quelque chance, ou de démêler la ruse du chevreuil, ou de le relancer près de l'endroit où il a fait bondir le change.

Avez-vous le bonheur d'avoir un ou plusieurs chiens de change? Ou, arrêtés sur la voie, ils reviendront dans les allées, indication déjà précieuse et qui suffit habituellement; ou ils travailleront d'eux-mêmes sur les devants, sur les côtés, sur les retours, agrandissant peu à peu leur cercle, jusqu'à ce qu'ils aient retrouvé leur voie. Tels ont été, parmi ces derniers, *Tintamarre, Débardeur, Saladine, Minos* à M. de la Débutrie; *Mousquetaire, Tamerlan, Traveller, Vilfort, Bellone,* etc., à mon frère et à moi; admirables chiens que la fortune d'un banquier juif ne saurait acquérir, qu'aucun dressage ne saurait former! Aussitôt qu'un change avait lieu, ces chiens disparaissaient dans le fourré, sans s'occuper de la meute; ils reprenaient tout seuls la voie de leur animal de chasse sans qu'il fût nécessaire de leur aider. Avec de tels serviteurs un maître d'é-quipage est assuré de succès.

Heureux cependant et mille fois heureux le chasseur de chevreuil qui possède quelques chiens qui s'arrêtent d'eux-mêmes sur un change et rejoignent le cheval du piqueur.

Le *bon veneur,* assuré dès lors que sa meute chasse un change, suit les règles indiquées plus haut pour redresser la voie de son animal, soit sur les devants, soit sur les arrières, soit sur les côtés : ce que j'ai dit déjà trouve ici son application toute naturelle.

Comment enfin former des chiens de change ? Question ardue et qui ne peut se résoudre mathématiquement.

En Vendée, dans les quatre ou cinq équipages qui chassent le plus habituellement le chevreuil, il existe un assez bon nombre de chiens de change. Créancer à fond sa meute, chasser le plus souvent possible dans des *forêts vives*, suivre ses chiens de près et les observer, faire la plus grande attention au pied du chevreuil, à ses formes différentes pendant les diverses phases de la chasse, ne jamais permettre à ses chiens de chasser et surtout de *forcer* un change, mais sonner plutôt vingt fois de suite la retraite manquée, découpler *fréquemment* pour dompter la fougue de ses jeunes chiens : tels sont, avec le *temps* et la *patience,* les meilleurs moyens pour former des chiens de change. J'y mets encore une condition, et c'est la plus essentielle de toutes.

J'ai dit que jamais, d'un mauvais chien, on ne pouvait *en faire un bon.* Choisissez donc, non pas dans l'élevage peu raisonné des marchands de chiens attitrés de nos pays, qui croisent indifféremment n'importe quelle lice de race troublée et nullement suivie avec des chiens anglais de pur sang dont ils ignorent même le *pedigree,* mais dans les *bons équipages de chevreuil,* la race qui vous convient pour cette chasse spéciale si fine, si difficile. Autrement, croyez-en ma constante expérience, le meilleur veneur s'expose à des mécomptes répétés et certains.

Si, mieux encore, vous voulez chasser agréablement et dès le début, par conséquent, ne gaspiller ni votre temps ni votre argent, être récompensé de vos peines, *réussir* en un mot ; procurez-vous, *coûte que coûte,* au moins un chien de change.

S'il est jeune et vite, ce sera le maître d'école de votre meute ; à lui seul il peut la former. S'il est vieux, en le découplant en relais, après une heure de chasse, alors que les difficultés sérieuses commencent à surgir, il sera, malgré son âge, l'espérance et le soutien du veneur qui débute,

12

le guide de ses compagnons sans expérience, l'élément le plus assuré du succès.

### § 4. — *De l'accompagner.*

L'accompagner est la ruse du chevreuil la plus dangereuse pour le veneur expérimenté, par la raison bien simple que les meilleurs chiens de change, sentant tout à coup une voie fraîche, s'arrêtent généralement; d'où il suit que le chasseur (lorsque surtout il n'a pas connaissance de l'accompagner, soit par une vue, soit par un vol-ce-l'est) croit naturellement à un change, et, par là même, est exposé à se tromper dans le travail qu'il fait faire à ses chiens. C'est donc la ruse qui déroute ordinairement le plus habile veneur comme la meute la plus parfaite.

L'accompagner sur le cerf est peu dangereux avec des chiens bien réglés et de change; le chevreuil, au contraire, en raison de la légèreté même de sa voie, échappe souvent par cette ruse à l'équipage le mieux conduit.

Le brocard s'accompagne fréquemment, et suit en cela les habitudes du cerf : la chevrette use rarement de ce stratagème, elle fait plus de doubles voies, bat l'eau plus souvent ; j'en ai forcé qu'on aurait pu prendre, en quelque sorte, pour des êtres amphibies.

Quand la vue par corps ou les vol-ce-l'est vous ont démontré que plusieurs chevreuils courent devant la meute, que doit faire le veneur sérieux ?

Encourager surtout ses bons chiens, en travaillant sagement et lentement avec eux sur les devants; regarder de près au vol-ce-l'est, ne pas arrêter *la meute au début,* se garder aussi de gronder ses vieux chiens, mais modérer seulement l'ardeur des jeunes, c'est là un travail plein de tact et de délicatesse; examiner enfin et très attentivement les allures des bons chiens de change, car, de temps à autre, même dans un long accompagner, l'animal de chasse peut se détacher pendant quelques pas, alors vous pourrez remarquer que vos bons chiens de change *en refont,* pour s'arrêter ensuite un peu plus loin : c'est la preuve que l'animal de meute, séparé pour quelques instants du change qu'il a fait bondir, s'est *rehardé.*

Si, après ce travail en avant assez prolongé, vous voyez vos chiens de change se refroidir et finir par s'arrêter tout à fait, retournez en arrière au point où l'accompagner a eu lieu, et reprenez les doubles voies. Souvent de rusés brocards, suivant en cela l'exemple des vieux cerfs, ou se remettent après avoir fait bondir une harde, ou reviennent sur les arrières. Travaillez alors vivement, et de la manière que j'ai expliquée plus haut au chapitre des doubles voies : vous n'avez plus guère que cette chance de relever votre défaut.

Cependant ce travail si difficile n'aboutit à rien ; prenez alors votre parti. C'est le cas de faire les grands devants, c'est-à-dire de porter la meute à 1 kilomètre ou même à 2 kilomètres et plus, en avant et en arrière de l'endroit où l'accompagner a eu lieu. Dans ce défaut, le veneur le plus actif, le plus intelligent, possédant les meilleurs chiens, peut se heurter contre un obstacle insurmontable ; il lui faut pour ce travail ce qui ne se donne pas, *du flair* et une prompte décision ; et encore est-il exposé à un échec !

Le chien de change qui chasse gaiement l'accompagner est une perle bien rare : dans toute mon existence de chasseur, je n'en ai jamais vu qu'un seul... *Bellone,* bâtarde anglo-saintongeoise. Cette admirable chienne chassait avec autant d'entrain les doubles voies et l'accompagner qu'une voie débarrassée de tout obstacle ; jamais son merveilleux instinct, servi sans doute par un odorat incomparable, n'a mis en défaut sa sagacité.

Je me rappellerai toujours la première chasse de chevreuil que je fis au Gâvre. Un brocard s'accompagna de deux chevrettes après une heure et demie de chasse. *Bellone* chassa sans hésitation et à fond de train ces trois animaux hardés ensemble. Tous les autres chiens de change qui la connaissaient et qui, par suite, avaient confiance en elle, ralliaient sans cesse à sa gorge claire et vibrante, goûtaient la voie des trois animaux, et, ne démêlant pas le sentiment du chevreuil accompagné, s'arrêtaient aussitôt pour rallier quelques instants après. Ce manège dura vingt minutes ; chacun semblait blâmer la confiance que m'inspirait la vieille chienne. Je voulus voir jusqu'au bout si l'odorat, l'intelligence de *Bellone* n'étaient pas supérieurs à toute science cynégétique, quand tout à coup la meute, en s'assurant de la voie pour la dixième fois peut-être, repartit comme un ouragan sur le brocard déhardé par la vaillante bâtarde anglo-saintongeoise. Ce fut un beau spectacle pour tous les chasseurs présents, et un triomphe pour la brave *Bellone*. Une heure après, l'animal était porté bas à la suite d'un brillant hallali.

Ne comptons pas trop sur une semblable clef de meute, si rare toujours. Travaillons sans cesse à former des chiens sûrs et ne nous décourageons pas : un tel défaut relevé proprement et le succès qui le couronne vous récompenseront suffisamment de vos peines, et procureront au véritable veneur la plus douce des jouissances.

En terminant ce chapitre, je ne puis m'empêcher de faire une dernière recommandation aux chasseurs de chevreuils. En toute circonstance ayez toujours une extrême prudence et beaucoup de sang-froid.

Il existe, en effet, certaines forêts où le chevreuil se fait rarement relancer avant l'hallali, comme au Gâvre par exemple. A Chinon, comme dans nos forêts de l'Ouest, ils se font relancer ordinairement trois fois avant d'être pris, et j'ai observé que c'était la règle générale.

Or la journée est mauvaise, le chevreuil a rusé, s'est forlongé, a fait sa chasse, et s'est enfin rasé après avoir pris une heure d'avance, quelquefois plus. Il est refroidi, il est *ressuyé*, double écueil et pour le chien et pour le veneur : écueil pour le veneur qui, s'en rapportant simplement à sa vue, croit que le chevreuil *ressuyé*, quand il repart au nez des chiens, est un chevreuil frais ; écueil pour le chien de change qui ne reconnaît plus dans la voie d'un animal refroidi, les effluves de son animal échauffé.

Au lieu de crier *arrête* sur un chevreuil qui à première vue vous semble frais, et sur la voie duquel vos chiens de change hésitent, laissez faire la meute pendant quelques instants ; si vos chiens de change se refroidissent graduellement, arrêtez la meute, c'est un chevreuil frais ; si, au contraire, leur ardeur augmente progressivement, songez que l'animal reprend peu à peu, par l'effet même de sa course, le sentiment qu'il avait pendant la chasse ; sonnez donc sans crainte des bien-aller : *c'est votre animal !*

Le 16 mars 1877, à la dernière chasse que nous fîmes en Bretagne, chez M. de la Rochefoucauld, au parc de Fresnais, non loin de la forêt du Gâvre, nous fûmes tous témoins d'un fait très caractéristique, qui prouve la vérité de ce que j'avance.

Nous chassions un superbe brocard par un temps très ressuyant ; à bout de forces, après trois heures et demie de chasse, l'animal s'était remis avec une avance de cinq quarts d'heure. Relancé par un chien très sûr de change, *Ramoneau,* le brocard traverse immédiatement et sans faire un retour 200 mètres de taillis ; tous les chiens, même ceux de l'année, goûtent la voie derrière *Ramoneau,* tous la *refusent ;* au sortir du taillis, l'animal traverse un chemin et débûche en pleine campagne. Dans ce moment *Banco,* un des meilleurs chiens de la meute, commence à crier, et s'efforce de rejoindre *Ramoneau* qui détale à toutes jambes. Je descends de cheval, et je crois reconnaître le vol-ce-l'est de mon brocard ; en remettant le pied à l'étrier, je vois au loin la tête de la chasse, puis, échelonnés à une certaine distance les uns des autres, les chiens qui rallient à fond de train en reconnaissant la voie de leur animal. S'échauffant graduellement par l'effet même de sa course, le brocard avait enfin repris *son sentiment.* Un quart d'heure après ce relancer si froid, si inquiétant, l'animal tombait devant les chiens. Étaient présents

MM. de la Blotais, des Nouhes, Doynel, Bretault-Billou, de Bois-fleury, Arnous-Rivière, etc., etc.

Je demande pardon à mes collègues en saint Hubert de parler ainsi de moi et de mes chiens. En leur citant ce dernier trait, je n'ai pas la prétention de leur apprendre quoi que ce soit en fait de vénerie ; mais j'avoue franchement que jamais pareille chose ne m'était arrivée, avec une meute composée, comme la mienne, de vingt chiens énergiques, comprenant cinq jeunes chiens de l'année, vites et entreprenants. *Tous,* excepté un seul, ont trouvé au relancer de leur animal de meute la voie si froide qu'ils ont immédiatement marqué le change. Même avant d'avoir examiné avec attention le *vol-ce-l'est de l'animal relancé,* j'ai eu confiance, encore une fois, dans l'intelligence d'un excellent chien. J'ai donc, à mon avis, raison de répéter : « Fiez-vous, dans un cas difficile, plus encore à la finesse de nez de vos bons chiens qu'à votre propre science ; soyez prudent, et, dans les embarras les plus sérieux, gardez tout votre sang-froid. »

Je ferai observer enfin ceci : règle générale, le chevreuil de chasse relancé fait une assez longue fuite sans retour ni crochet ; au contraire, il est rare qu'il n'y ait pas au bout de quelques secondes une légère hési-tation dans la meute, un balancer en un mot, sur un chevreuil frais qui bondit au nez des chiens. Le bon veneur saura prendre note de cette pré-cieuse observation.

On a beaucoup discuté sur le temps bon ou mauvais pour la chasse du lièvre, comme pour celle du chevreuil. Rien n'est plus controversé, on peut discuter des années sans s'entendre. Un bon vent est plus es-sentiel, à mon avis, qu'une bonne terre ; mais le même vent n'est pas également bon dans tous les pays ; puis le vent change souvent dans la journée. Il y a même presque toujours, à l'heure de midi, une per-turbation dans l'atmosphère ; du reste, le prudent veneur ne dira jamais à l'indiscret qui l'interroge : « Le temps est bon, ou le temps est mauvais, » mais bien : « Je n'en sais rien, mes chiens vous le diront tout à l'heure. »

Avant de clore cette étude, je ne veux pas vous quitter, ami lecteur, sans prier Dieu, *si toutefois vous êtes bon veneur,* de vous avoir en sa sainte et digne garde et de vous préserver de tout accident fâcheux. Je vous souhaite en outre, à l'exemple du grand saint Hubert notre patron, de rester toujours exact à toute observance de la loi divine ; de demeurer toute votre vie hardi et joyeux chasseur, bon compagnon, aimable pour tous, digne en un mot du titre de *bon veneur.*

FIN DE LA CHASSE DU CHEVREUIL.

# QUELQUES SOUVENIRS

## D'UN VENEUR

LA FORÊT DE CHINON — LA FORÊT DU GAVRE
— LA FORÊT DE VEZINS
— LES TERRAINS DE CHASSE DE LA VENDÉE — LA GASTINE
— CHAMBORD

# QUELQUES SOUVENIRS

## D'UN VENEUR

J'avais l'intention de terminer par ces lignes mon étude sur la chasse
du chevreuil. Quelques amis m'ont fait observer que je devais à ceux qui
avaient eu la patience de lire cette dissertation, aride peut-être, de raconter quelques épisodes de chasses au cerf et au chevreuil, dont j'ai été
le témoin ; de parler de certains veneurs que j'ai particulièrement connus ; et aussi de décrire quelques-unes de ces belles forêts de l'Ouest où,
si souvent, j'ai couru les grands fauves.

Je me rends à leurs vœux ; les souvenirs étant du domaine de l'histoire, celui qui plus tard mettra en ordre les chroniques de la vénerie
française sera peut-être heureux de retrouver dans ces pages quelques
pierres pour ce monument si national et si vivement réclamé de tous les
veneurs.

J'écris ces lignes sans autre prétention que celle d'être sincère et vrai.

Quelques lecteurs trouveront peut-être certains détails, certaines circonstances, extraordinaires ; ceux qui ont beaucoup chassé savent que, dans
leur longue carrière de veneurs, ils ont été parfois témoins de faits éton-
nants dus soit au hasard, soit à la vigueur tout exceptionnelle de certains animaux. C'est à leur expérience que je confie ces dernières pages.

# LA FORÊT DE CHINON

A quelques lieues d'Azay-le-Rideau, sur la rive gauche de l'Indre, à mi-côte d'un des riants promontoires qui dominent le cours de la Loire, se dressent les tours féodales du château d'Ussé.

Bâti au XIVᵉ et au XVᵉ siècle par les puissants seigneurs de Touraine, son état remarquable de conservation, les arbres splendides qui l'ombragent, le parc de 300 hectares qui lui sert de couronne, en font une des plus belles demeures de France.

Sous Louis XIV, Vauban l'habita; dans le siècle dernier, le maréchal de Duras le restaura, et sa petite-fille, Félicie Durfort de Duras, veuve du prince de la Trémouille, l'apporta en dot à son second mari, le général comte Auguste de la Rochejaquelein, le troisième frère de cette trinité de héros qui s'appela Henri, Louis, Auguste.

Ce fut dans cette belle demeure que notre grand-oncle, le glorieux balafré de la Moskowa, nous donna, pendant près de vingt ans, une généreuse et cordiale hospitalité. Amateur passionné de la chasse à courre, le vieux gentilhomme voulut monter à cheval jusqu'à son dernier soupir. Tous les ans, pendant les mois de février et de mars, mon frère et moi nous étions de service à Ussé.

Notre vieil oncle n'aimait que la chasse du chevreuil; son exemple n'a pas peu contribué à populariser dans le bas Poitou ce ravissant laisser-courre.

Après avoir traversé le parc d'Ussé, on arrive brusquement au plateau de la forêt de Chinon; une lande de 1,500 mètres de large sépare le parc de l'entrée de la forêt. Dans le temps où nous y chassions, la forêt de Chinon était certainement une des plus belles qu'on puisse rêver pour courre un chevreuil. S'étendant de Chinon à Azay-le-Rideau, d'Ussé à l'Isle-Bouchard, sa contenance n'est pas moindre de 5,500 hectares; une ceinture de 5,000 hectares de bois et de landes incultes, appartenant à des particuliers, l'entourait alors de trois côtés.

Or, ce jour-là, 10 février 1856, le temps est clair et vif, la terre humide de rosée; la meute impatiente est hardée en basse forêt, depuis une heure, au carrefour de Louis XI; les invités du général sont nombreux; les veneurs sont gais et pleins d'entrain : tout nous présage une chaude journée.

Il est onze heures; on attend le bon général, qui paraît enfin à l'extrémité de l'allée de Saint-Benoît, monté sur son cob Transylvain, et qui débouche au petit galop.

Le comte de la Rochejaquelein venait d'entendre la messe dans la vieille église bénédictine.

Aussi bon chrétien que brave soldat, le général ne manquait pas d'assister tous les jours à la messe : jamais devise *Pour Dieu et le Roi* ne fut plus vaillamment portée; aussi jamais personne ne fut-il plus respecté, plus entouré de légitime considération, plus aimé de tous ceux qui l'approchaient.

« Allons, jeunes gens, nous disait en arrivant le général, découplez vos chiens. Pourquoi m'avez-vous attendu? Vous savez bien que je vous rejoins toujours, et que je ne veux pas qu'on m'attende! »

Nous partons aussitôt, suivis de nos chiens découplés. Un brocard a été vu par corps dès le matin par le vieux garde d'Ussé, le père Rogeau, ancien grenadier à cheval des gardes du corps du roi Charles X, au moment même où il traversait l'allée de M^{me} de Quirit, se dirigeant vers le petit ruisseau le *Regeau*.

Nous frappons à la brisée : nos vieux chiens en reconnaissent de suite ; toute la meute crie et rapproche gaiement. L'animal, après avoir sauté le Regeau, s'était remis à quelques centaines de mètres plus loin sur le sommet d'un plateau très élevé, qui domine la route de Chinon et la vallée d'Huismes, appelé *les Pringés*.

Lancé à vue sur un landas découvert, l'animal part à fond de train, longe les bordures du château de Beugny, vieille demeure des Puységur, traverse le Regeau près du chemin d'Ussé à Beugny et gagne le carre-four des Belles-Cousines. La meute ne lui laisse pas le temps de ruser : les gorges sonores de nos bâtards résonnent au loin, les trompes sonnent des bien-aller ; les cavaliers suivent la chasse sous bois sans quitter la tête de leurs chiens ; les futaies claires et rabougries de la basse forêt permettaient alors de suivre les chiens à la botte. Le véritable veneur n'éprouvait nulle part un plaisir plus vif ; sans cesse avec ses chiens, il pouvait à son aise admirer leur intelligence dans les graves difficultés, leur activité dans les nombreux retours du chevreuil, leur sagesse, leurs précieuses qualités, plaisir qui, pour moi, a toujours doublé celui de la chasse à courre.

Le brocard saute l'allée de Duras et se dirige vers le val de l'antique abbaye de Turpenay, dont il longe les murailles couvertes de lierre et les futaies depuis longtemps centenaires.

L'abbé de Turpenay, le beau Jean de Saintré, les Belles-Cousines ! à toutes ces gaies légendes du bon vieux temps nous envoyons en passant un joyeux souvenir.

Bientôt nous voici au carrefour de Saint-Denis. A droite, c'est l'al-lée de Charles VII ; à gauche, la Pucelle ; plus loin, Xaintrailles, et de l'autre côté de la route de Chinon le carrefour de François I<sup>er</sup>. Le brocard est entré là sous les futaies de la haute forêt, dans les enceintes mouil-lées des brûlis. Le change bondit à droite et à gauche ; les vieux chiens, et en tête Ramoneau, Ranfort, Talbot, restent sur la voie du brocard déjà très malmené ; les jeunes chiens rallient à la troupe des veneurs qui suivent les vieux chiens de change. Le brocard est relancé et reprend la direction de la basse forêt.

La pluie des derniers jours a rempli les fossés d'assainissement. Le brocard a pris l'eau ; et, après avoir longé l'un après l'autre tous les fossés de l'enceinte de Charles VII, il a si bien rusé que chiens et chasseurs tombent à bout de voie.

Nous avons beau prendre les arrières et les grands devants : le chevreuil s'est en quelque sorte évanoui.

Enfin, après deux heures de persévérance, l'un de nous, en se penchant pour regarder sous un ponceau, aperçoit le brocard couché dans l'eau et laissant paraître seulement sa tête et son bois en velours.

Un vigoureux coup de fouet le relève de sa paresse ; il bondit au milieu de la meute. Ce n'est plus alors qu'une course effrénée. Après une pointe de 6 kilomètres, il vient faire son hallali dans le petit ruisseau du Regeau, à quelques pas de sa reposée habituelle.

Pas un des veneurs ne manque à l'hallali. Le général, monté sur son vaillant irlandais *Ratler,* est, malgré son grand âge, arrivé en même temps que les chasseurs. Sans ce long défaut de deux heures, la chasse n'aurait duré que deux heures et demie.

Il y a bientôt dix ans que le bon général n'est plus. Nous avons dit adieu à cette charmante forêt de Chinon, à ses souvenirs historiques qui nous rappelaient les plus beaux temps de l'histoire de France, Charles VII le Victorieux, la gente Pucelle, cette figure si chrétienne et si française qu'on a vainement tenté de dépoétiser, Xaintrailles, La Hire, François Ier, Louis XI...

On aimait le soir, dans les vastes salles du château d'Ussé, au coin des grandes cheminées féodales, à causer avec le bon général, de l'antique gloire de la France, de notre chère Vendée ; on devisait d'honneur et de chevalerie ; on écoutait les récits du vieux gentilhomme sans peur et sans reproche, véritable Bayard des temps modernes. On s'acharne, en France, à tout niveler, à tout dépoétiser, à tout ramener au culte de la matière et de l'argent. Pour nous, qui avons eu l'insigne bonne fortune de connaître et d'aimer une des grandes figures du commencement de ce siècle, nous nous consolerons des tristesses du temps présent, en nous remémorant les années de notre jeunesse.

« *Meminisse juvabit.* »

# LA FORÊT DU GAVRE

Aux portes de la petite ville de Blain, ancienne baronnie des Rohan, au duché de Bretagne, la forêt du Gâvre couvre de ses massifs de futaies un grand plateau de 4,500 hectares. Neuf larges allées se réunissent au centre de la forêt pour former une vaste esplanade, que les forestiers ont appelée le Rond, et qui sert de rendez-vous de chasse. Les lignes du Nord, de Carheil, de Blain, du Gâvre, des Malnoës, qui toutes aboutissent au Rond, sont les principales artères de cette belle forêt.

A l'époque où Louis-Philippe fit acheter au duc d'Aumale la terre des Coislin, Carheil, il voulut acquérir, dit-on, ce domaine de la couronne.

On estima à 12,000,000 les futaies du Gâvre, et la forêt resta la propriété de la couronne de France.

Depuis lors, les futaies ont continué d'être régulièrement exploitées, et le Gâvre a conservé ses grandes étendues d'arbres séculaires.

Du milieu de ce vaste plateau, des sources vives surgissent çà et là, et, joignant leurs eaux à l'écoulement naturel du sol, alimentent une grande quantité de canaux qui, rarement à sec, même l'été, donnent naissance pendant l'hiver à une multitude de petits cours d'eau. Avant de sortir de la forêt pour former la rivière du Gâvre, ils se réunissent dans les enceintes mouillées de la Madeleine, situées à l'est de la forêt, pour se jeter près de Blain dans le canal de Brest.

J'ai déjà dit, dans la *Chasse du chevreuil,* que le grand écueil du

14

Gâvre, le seul même très sérieux, consistait dans ses nombreux cours d'eau, serpentant doucement sur un lit de cailloux, entre des berges très proprement entretenues, et dont le peu de profondeur, en temps ordinaire, permet aux chevreuils de les remonter aussi facilement que de les descendre.

Aussi, nombre de veneurs ont-ils été rebutés par cette difficulté, et la chasse du chevreuil dans une forêt où de tout temps on avait forcé des cerfs, des sangliers et des louvards, passe-t-elle à bon droit pour assez difficile.

Un de mes beaux-frères avait loué, il y a quinze ans, la forêt de Saint-Gildas-des-Bois, à 16 kilomètres du Gâvre. Notre séjour prolongé dans cette partie de la Bretagne nous donna l'idée de chasser quelques chevreuils au Gâvre.

Notre premier début fut heureux.

Attaqué au pont de Curin, à l'extrémité sud du Gâvre, un vieux brocard longe le périmètre de la forêt sur les bordures de Chassenon, rendez-vous de chasse de M. le baron de Lareinty, saute sur la route de Blain, et se harde avec deux chevreuils frais. La meute hésite, les chiens de change s'arrêtent et refusent la voie ; c'était au temps où je possédais l'excellente *Bellone,* si fine, si intelligente, qui, sans hésiter, chassait l'*accompagner,* quand elle avait connaissance de la présence de son animal. Le brocard, déhardé au bout de vingt minutes, se dirige du côté des enceintes de la Madeleine ; il a pris une certaine avance ; pendant près de deux heures, notre peu d'expérience des canaux du Gâvre rend inutile tout travail. Le brocard, après avoir suivi plusieurs canaux, était arrivé à une bifurcation ; pendant près de 2 kilomètres, il avait remonté le cours paisible de l'un d'eux. Ce ne fut qu'en prenant nos *grands devants* qu'un de nos bons chiens le relança à quelques mètres de la grand'route de la Turballe, près des Malnoës, à l'extrémité nord de la forêt. Le brocard, ramené vivement vers le Rond, passe par le Chêneau-Duc et les pins d'Irel. Une heure après le relancer, nous sonnions notre premier hallali sur la ligne de Carheil, à 500 mètres du Rond.

Mis en parallèle avec la forêt de Chinon, le Gâvre peut avantageusement soutenir la comparaison. Si la première offrait autrefois peu de difficultés dans un *bat-l'eau,* aujourd'hui de nombreux semis de sapins rendent impraticables aux cavaliers certaines enceintes de la haute et basse forêt.

Le Gâvre n'a pas changé de physionomie : avec ses grandes clairières, ses immenses *landas,* ses futaies séculaires, ce sera longtemps encore une des plus belles forêts qui existent pour suivre les chiens de près et forcer un chevreuil. Les difficultés vaincues ne font d'ailleurs que donner au succès un charme plus vif : à la chasse comme à la guerre, le proverbe

A vaincre sans péril on triomphe sans gloire

sera toujours vrai.

# LA FORÊT DE VEZINS

La forêt de Vezins, sise en Anjou, sur les confins de l'ancienne province du Poitou, s'étend sur une surface d'environ 2,000 hectares, entre Maulevrier et Vezins, Cholet et Yzernay. Ses deux massifs principaux, le Breuil-Lambert et Vezins, sont séparés par une lande de 400 hectares, que les gens du pays désignent sous le nom de *Lande de Gentil*.

C'est à peu près le seul débûcher que prennent les cerfs que nous attaquons, soit au Breuil-Lambert, au nord-ouest de la lande, soit dans les basses forêts de Maulevrier et de Vezins, à l'est de cette même lande.

Les étangs des Noues, de Croix, de Cayenne et de Péronne, tous quatre célèbres dans les fastes de la vénerie de l'Ouest, fournissent au fauve, hiver comme été, une eau abondante.

Au sortir de la grande Révolution, les descendants des chasseurs de la Morelle, que la Terreur n'avait pas égorgés, se réunirent, pour la première fois, à Vezins, et y continuèrent les glorieuses traditions de la grande vénerie française.

MM. Louis et Auguste de la Rochejaquelein, Baudry d'Asson, de la Bretesche, de Chabot, de Montsorbier, etc., trouvèrent toujours chez le baron de Vezins une cordiale hospitalité.

J'ai raconté plus haut comment les grands chiens blancs du bas Poitou, orgueil des chasseurs de la Morelle, avaient disparu, et comment, par le croisement d'un chien blanc échappé au cataclysme de 93 comme par miracle et appartenant à M. de Vaugiraud, avec des briquettes à poil dur et à poil ras, la race de Vendée avait été créée.

Ces messieurs, à force de patience et de science formèrent, avec ces éléments incomplets, cette belle race si estimée *des chiens de Vendée :* moins résistant, plus fou de chasse que le chien blanc du roi, le vendéen régna en souverain jusqu'à l'apparition des bâtards anglais. Avec lui, il fallait disposer des relais, se garder surtout du change ; et néanmoins ces messieurs prirent beaucoup de cerfs à Vezins.

Aujourd'hui, à l'exception des vieux chiens de rapprocher que nous mettons en relais, nous découplons toute la meute sur la voie d'un cerf déhardé ; et telle est l'intelligence de nos bâtards, qu'il est rare que, dans le cours de dix ou de douze chasses, nous ayons plus de deux ou trois changes à redresser, et cela avec une meute composée de cent chiens environ, appartenant à cinq ou six équipages différents, chassant rarement ensemble.

Tous les ans, la première réunion de Vezins a lieu le jour de la Saint-Hubert, à moins que ce jour ne coïncide avec le dimanche. Les meutes sont hardées au *Chêne-Brûlé,* rendez-vous habituel des premiers laisser-courre ; les cavaliers arrivent de toutes parts, les voitures découvertes sont nombreuses et remplies de belles châtelaines ; c'est vraiment la fête du pays. Aussi les chasses de Vezins ont-elles un aspect éminemment typique et plein d'originalité.

La plus franche cordialité règne en souveraine ; jamais de querelle, jamais la moindre dispute : les veneurs s'abordent gaiement, devisent de leurs succès et de leurs espérances ; chacun va faire une visite obligée aux meutes de ses voisins ; on se montre les jeunes élèves de l'année, on flatte de la main les vieux chiens de change, et, si quelque observation est jugée utile, elle n'est jamais malveillante.

Il est de règle à Vezins que tout le pays doit s'amuser : aussi nulle part ne voit-on une plus grande affluence de voitures de toute provenance et de forme extraordinaire, de cavaliers et de chevaux avec ou sans selle, sans bride souvent, un simple licol leur servant à la fois de mors et de filet ; de piétons de tout âge, de tout sexe, de toute condition.

Parfois le veneur sérieux pourrait s'attrister en pensant que cet encombrement doit nuire à un laisser-courre correct... Mais le spectacle de tout ce peuple en liesse désarmerait, j'en suis sûr, le chasseur le plus grincheux ou le moins patient.

A quelques kilomètres du Chêne-Brûlé, au milieu d'un parc verdoyant, orné de grands arbres, s'élève le château de Vezins, dont le propriétaire actuel, le baron de Vezins, continue les nobles traditions de ses ancêtres. Du côté opposé, et à 3 kilomètres seulement du rendez-vous, le château de Vilfort, demeure du vicomte de Chabot, dresse, au milieu d'un parc charmant, ses hautes tours blanches et ses lucarnes ogivales qui rappellent l'architecture anglaise... Demeures hospitalières entre toutes et dont les chasseurs vendéens gardent chaque année le plus reconnaissant souvenir.

Nous sommes au 4 novembre 1866 ; les veneurs, arrivés de la veille dans leurs cantonnements, échangent au rendez-vous de cordiales poignées de main pendant que les piqueurs frappent à la brisée.

Soudain retentit la joyeuse fanfare « la Royale ». On a lancé un magnifique dix-cors dans l'enceinte des Trois-Plessis, forêt de Maulevrier : le cerf est seul et les chiens de rapprocher ont été de suite arrêtés par les piqueurs.

C'est toujours un beau spectacle pour un veneur qui a le feu sacré, qu'une attaque avec quatre-vingt-dix ou cent chiens, surtout quand ces chiens sont distingués, grands, bien marqués, irréprochables de construction, avec de belles gorges et une noble ardeur.

La meute, tenue sous le fouet jusqu'à la brisée, s'élance comme un ouragan, et, jusqu'à la prise, ce ne sera plus qu'un hallali courant, tant les chiens sont bien ralliés, tant est belle et vibrante la musique de ces cent voix. Le cerf avait été vu par corps aussitôt après le lancer sur la ligne du Bâtiment aux Baudières, rentrant dans la Grand'Herse.

Les chiens à peine découplés sur la voie saignante, relancent le dix-cors qui s'est remis à quelques pas seulement de la ligne, dans les fourrés impénétrables de la Grand'Herse. L'animal retourne au lancer, cherche le change et revient à vue de tous les chasseurs, *voie pour voie,* dans l'enceinte de la Grand'Herse ; après s'y être fait battre comme un lapin pendant une demi-heure, il saute la route de Chanteloup à Yzernay et entre dans l'enceinte des Martyrs.

C'était au temps de la lutte gigantesque que soutenait si vaillamment la Vendée contre la Terreur ; Stofflet, ancien garde-chasse du marquis de Colbert-Maulevrier, était général en chef des débris de l'armée catholique et royale : il avait établi, au centre de la forêt, un hôpital où femmes, enfants, vieillards, soldats blessés *blancs* ou *bleus,* étaient également soignés et protégés. Un jour, un traître vendit à un misérable dont je tairai le nom, le secret de l'asile, et les Bleus massacrèrent *tout,* malades et blessés, amis et ennemis. Depuis lors, le comte de Colbert a fait élever une superbe chapelle au centre du *Champ des Martyrs ;* tout le pays vient y prier ; le nom des bourreaux est oublié, le souvenir seul des victimes durera toujours.

Le dix-cors longe les murs de la chapelle des Martyrs et se dirige à fond de train vers l'étang de Croix, à l'extrémité de la forêt de Maulevrier.

Il a eu le temps de prendre l'eau et de retourner assez loin sur ses doubles voies ; relancé à vue par la meute dans les semis de Vilfort, le pauvre dix-cors perd la tête, traverse en diagonale la forêt de Maulevrier, les enceintes de Vezins, le Buisson-au-Loup, le Camp-au-Lièvre, effleure les futaies de Cayenne, et se jette à l'eau dans l'étang de Péronne.

Au moment où des hauteurs de Péronne on apercevait le dix-cors abor-
der le rivage opposé et prendre le débûcher de la lande, ce fut encore
un beau spectacle que celui de voir en même temps la meute s'élancer
à l'eau à la suite du noble animal. Mais, déjà, il avait disparu derrière
les plis du terrain, quand chasseurs et chiens reprirent la voie du dix-
cors à la sortie de Péronne. Figurez-vous cinquante cavaliers en habit
rouge, montés sur des chevaux rapides et brillants, galopant côte à côte
avec cent chiens, et vous aurez une idée de ce splendide débûcher.

Le cerf, après avoir traversé la lande et la partie du Breuil-Lambert qui s'étend jusqu'à la barrière de la Mancellière, s'était accompagné
avec un daguet et deux biches et s'était ensuite remis à quelques pas de
la route de Nuaillé à Tout-le-Monde.

Relancé par la meute, il ne tarde pas à être déhardé ; c'était, hélas !
sa dernière ruse : soit qu'il ne se sentît pas le courage de piquer droit à
l'étang des Noues, soit que le pauvre animal eût été dérangé par quelque
cavalier, nous eûmes la joie de le voir reprendre ses doubles voies ; à la
grande satisfaction des dames qui attendaient son retour, il traversa de
nouveau la lande Gentil et vint sauter la grande route de Maulevrier à
Vezins, au beau milieu des voitures et des curieux. En arrivant à l'étang
de Péronne, il est rejoint par la meute, qui le noie après un bat-l'eau
splendide d'un quart d'heure.

Le vieux dix-cors portait quatorze ; il avait tenu bon pendant trois
heures et demie d'une chasse très vivement menée.

Je ne dirai rien de la curée, toutes se ressemblent. J'oubliais, cependant, de noter un détail : à peine la nappe est-elle enlevée, que les gens
du pays se chargent de la curée, et même *ce sont eux qui font curée,* ne
laissant aux chiens que les os blanchis et les entrailles du cerf ; c'est à qui
se précipitera pour en couper un quartier... tous veulent *manger du
cerf...* Ordinairement, nous prenons chaque année et de la sorte sept ou
huit cerfs à Vezins. Les laisser-courre y sont toujours charmants, pleins

de gaieté et d'entrain. Mais, je le répète, la physionomie typique de ces réunions, c'est surtout la joie et le plaisir qui se trahissent sur tous les visages et dans l'attitude des gens du pays. Aussi, tant que le Vendéen restera *Vendéen*, il aimera la chasse royale du cerf, les veneurs et les chiens.

# LES TERRAINS DE CHASSE DE LA VENDÉE

Le département de la Vendée entretient plus de meutes à lui seul que les cinq départements qui l'avoisinent.

Le goût de la chasse à courre et celui de l'élevage des chiens sont restés populaires dans cette partie du Bocage poitevin.

Les forêts sont cependant peu nombreuses, d'une étendue bornée, et par suite médiocrement peuplées de grands animaux.

La plus belle de toutes, Vouvant, qui appartient à l'État, a été repeuplée de fauves par les soins intelligents de la société de Rallye-Vendée, il y a environ quinze ans ; c'est la seule forêt du reste où nous puissions conserver des hardes de cerfs et de biches, et quelques rares sangliers. Le loup a totalement disparu ; le chevreuil l'a très heureusement remplacé ; le lièvre et le renard abondent encore, et de nombreux équipages les chassent habituellement, *à cor* et *à cris*.

Possédée pendant plusieurs siècles par les Lusignan, la forêt de Vouvant s'étend à l'est et au sud des châteaux de Vouvant et de Mervent, célèbres dans les vieilles chroniques du bas Poitou : ils furent bâtis et habités par la fée Mélusine, Eustache Chabot, mère des Lusignan, appelée sans doute à cause de cela *Mèrelusine*, et par corruption *Mélusine*.

C'était au centre de cette forêt pittoresque, traversée par deux rivières, la Mer et la Vendée, parsemée de coteaux abrupts et escarpés, dans un pays des plus accidentés, au milieu de vastes étendues couvertes d'énormes blocs de rochers entassés les uns sur les autres et qu'on appelle encore le *Déluge,* que la fée Mélusine composait ses philtres et préparait ses enchantements.

Une des plus belles grottes de la forêt de Vouvant est aujourd'hui visitée par de nombreux pèlerins. Les gens du pays la connaissent sous le nom de *Grotte du père Montfort.* Vers la fin du XVIII⁰ siècle, ce pieux cénobite y passa une partie de sa vie dans la mortification la plus austère. La société de *Rallye-Vendée* invite tous les ans, à deux époques différentes, l'élite des chasseurs du pays à courir des cerfs dans cette pittoresque mais difficile forêt de Vouvant.

Habitués à prendre l'eau sans cesse, rarement les cerfs y font de longues fuites, et, comme les bords de la Mer et de la Vendée sont très escarpés et à peu près impraticables pour les chevaux, les chiens sont obligés de faire à peu près tous seuls le travail du *bat-l'eau.* C'est une difficulté dont nos excellents chiens et nos bons veneurs se tirent à merveille ; rarement on sonne à Vouvant la *retraite manquée,* ce qui assurément ne surprendra personne ; de vieille date, le public a su apprécier le mérite des veneurs poitevins et l'excellence de leurs chiens.

A douze lieues à l'ouest de Vouvant, se trouve la forêt de la Chaize-le-Vicomte ; séparée seulement par un débucher d'environ 2 kilomètres de celle des Essarts, elle forme avec cette dernière un massif d'environ 900 hectares de taillis plus ou moins épais.

J'ai déjà dit que la forêt de la Chaize servait avant la Révolution de rendez-vous habituel aux chasseurs de la *Morelle.* Dans ce temps-là le bas Poitou était très peuplé de cerfs et de loups, et les sociétaires de la Morelle, après avoir attaqué un cerf à la Chaize, allaient souvent le prendre à cinq lieues de là dans la forêt d'Aizenay débûchant par les bois des Gâts et les landes du Chêne-Rond ; ou bien encore atteignaient la forêt de *Grâlas,* d'une contenance encore aujourd'hui d'environ 500 hectares. Ces trois forêts sont aujourd'hui, les deux premières surtout, peuplées de chevreuils. Au nord des Essarts et à trois lieues et demie environ , la forêt du Parc-Soubise s'étend sur une longueur d'environ 5 kilomètres et sur une profondeur qui varie de 1,500 mètres à 2,000 mètres. C'est une petite forêt de 650 hectares seulement peuplée de chevreuils, très bien acclimatés et importés depuis une trentaine d'années.

Ces chevreuils de nos forêts de la Vendée versent chaque année leur trop-plein dans une quantité de boqueteaux; avec les lièvres et les renards, ils servent à alimenter les goûts d'un grand nombre de maîtres d'équipage, et à varier leurs plaisirs.

J'ai dit, ailleurs, que tous les ans la Saint-Hubert réunissait à Vezins l'élite de nos veneurs vendéens, et que ces grandes assemblées, où la cordialité régnait en souveraine, avaient chaque année le même attrait.

Malheureusement le courre du chevreuil dans une forêt vive nécessite un nombre de chiens limité; plus d'un propriétaire de forêt se voit obligé de restreindre ses invitations, et de se priver ainsi du plaisir de chasser avec beaucoup d'amis. Au Parc-Soubise, mon frère et moi, nous chassions habituellement avec M. de la Débutrie, un maître ès arts, bien connu du monde cynégétique. Avant de raconter une de nos chasses, qu'il me soit permis d'introduire le lecteur dans le château du Parc-Soubise, au temps du bon roi Henri IV.

Le Béarnais n'était encore que roi de Navarre : les gentilshommes du bas Poitou étaient alors partagés en deux camps; les uns tenaient pour la Ligue, les autres pour la Réforme : à la tête de ce dernier parti, brillait au premier rang la célèbre Catherine de Parthenay, femme du duc de Rohan, mère de quatre filles non moins illustres et toutes quatre dans l'éclat de la jeunesse et de la beauté.

Catherine et ses filles n'eurent pas de peine à attirer à la Réforme une quantité de jeunes gentilshommes séduits par les grâces, le bel esprit, les qualités de toutes sortes de ces femmes remarquables.

L'état de maison que M$^{me}$ de Rohan entretenait au Parc-Soubise faisait ressembler cette belle résidence à une petite cour. Aussi notre galant Béarnais venait-il s'y reposer souvent, chasser et *deviser d'amour*, après ses rudes expéditions. Plus heureux encore à la guerre qu'au *jeu d'amour*, il s'attira au Parc-Soubise, de la part d'une des filles de Catherine de Parthenay, appelée aussi Catherine, une réponse digne de cette noble *damoiselle*.

Un soir, Henri de Navarre, en se retirant dans ses appartements, se trouva seul avec la belle Catherine : à la guerre comme en amour, le Béarnais allait droit son chemin : « Mademoiselle, lui dit-il, par où faut-il passer pour aller dans votre chambre ? » — « Par l'église, sire, » lui répondit la fière jeune fille. Henri IV se le tint pour dit et se contenta depuis lors de chasser dans la forêt du Parc.

Le cerf, le sanglier et le loup abondaient alors.

C'était une fête pour tout le pays que de chasser avec le roi de Navarre, et le Béarnais recruta dans ces réunions bon nombre d'amis, quantité de capitaines solides et vaillants. Le rendez-vous de chasse d'Henri IV s'appelle encore le *Grand-Relais :* le chêne qui du temps du roi de Navarre occupait le centre du rendez-vous existe encore et mesure 6 mètres 50 centimètres de circonférence ; ce vénérable témoin du passé a toujours conservé le nom de « chêne d'Henri IV ».

Le 25 mars 1869, jour de la clôture de la chasse à courre, nous avions donné rendez-vous à M. de la Débutrie au *Grand-Relais,* au pied du chêne d'Henri IV. Attaqué par les quarante chiens qui composaient nos deux meutes, un brocard dont la tête était entièrement refaite, saute seul l'allée du Buisson-Rond ; la meute bien ralliée et parfaitement ameutée le mène grand train à travers les ventes du Pas de la forêt, l'enceinte au Diable, Blanche-Noue, les Parquets, et l'oblige à prendre l'eau à l'étang du Cellier : le temps est sec et chaud ; les chiens ont peine à saisir la voie ; le chevreuil est sorti de l'eau en prenant de l'avance et s'est forlongé : pendant trois heures, chiens et veneurs travaillent de leur mieux ; le chevreuil a *battu le change*, dans toutes les enceintes de la forêt ;

il a traversé les ventes de Hucheloup, de Chauvin, Chante-Merle et toute la petite forêt; relancé enfin sur les bordures des Fosses-Noires, le pauvre animal se dirige en droite ligne sur le château du Parc, et s'élance dans l'étang de 30 hectares qui étale ses belles eaux au pied du vieux manoir.

Le pauvre animal a épuisé le reste de ses forces; après avoir traversé en diagonale cette vaste nappe d'eau, il se couche le long d'une palisse à 100 mètres du bord; nos chiens n'osent pas traverser l'étang, ils se mettent à l'eau, mais bientôt reviennent à nous. Nous avions été témoins de cette dernière ruse du pauvre brocard; suivis de nos chiens, nous fîmes le tour de l'étang : le chevreuil relancé à vue fut pris en entrant à l'eau pour la deuxième fois. Les piqueurs apportèrent le brocard sur l'esplanade du vieux château où se fit aussitôt la curée, au son des joyeuses fanfares de circonstance, l'Hallali, le Chevreuil de Bourgogne, l'Hallali courant, la Saint-Hubert, les Honneurs du Pied, et la Calèche des Dames.

Je me suis peut-être trop étendu sur mes souvenirs de veneur, pour intéresser jusqu'à la fin mes aimables lecteurs; j'ai dû répéter parfois la même chose : heureux cependant si j'ai pu distraire et intéresser quelque bon compagnon de chasse, et surtout quelque vieil ami qui peut-être se sentira rajeunir en se rappelant encore les bonnes campagnes que nous avons faites ensemble *pour saint Hubert et les dames.*

# LA GASTINE

La partie de l'ancienne province du Poitou qui s'appelle encore de nos jours la Gastine s'étend entre Bressuire, Niort, Saint-Maixent et Parthenay. Jacques du Fouilloux, seigneur de Saint-Martin en Gastine, nous a conservé la description de ce pays à part, théâtre des exploits de *tout genre* du célèbre veneur poitevin.

De nos jours, l'aspect de la Gastine est à peu près le même, il s'est à peine modifié ; les landes cependant ont été en partie défrichées, les bois mieux aménagés, les cours d'eau élargis et régularisés ; les bourgs sont aussi plus peuplés ; les habitations des paysans sont mieux bâties et plus aérées.

Les Gastinois sont encore, comme au temps de Jacques du Fouilloux, un peuple de pasteurs et d'éleveurs émérites : grâce à eux, la France a conservé pure de tout alliage la première race de travail qui soit au monde, la *race parthenaise*. D'un caractère gai et vif, le Gastinois chante toujours quand il conduit à la charrue ses beaux bœufs gris froment, à la tête haute armée de cornes fines et blanches, à l'œil fier, aux jarrets d'acier, aux lignes longues et accusées du véritable bœuf de travail. De son côté, et comme au temps de l'adolescence de du Fouilloux, la bergère de la Gastine chante toujours, en gardant ses agneaux et en filant la fusée de sa quenouille, sa douce chansonnette d'amour ou la ronde poitevine qu'elle aura apprise aux dernières veillées.

Le pays de Gastine ressemble, tant il est boisé, à une vaste forêt ;

sous ce rapport, il a mieux conservé sa physionomie que le Bocage vendéen : de vastes étendues sont exclusivement consacrées à la pâture des
vaches et à l'élevage des jeunes animaux de race parthenaise. Les genêts, qui ont totalement disparu du Bocage de la Vendée, occupent
encore la moitié ou au moins le tiers des métairies : entourées de *têtards*
qui fournissent au fermier son bois de chauffage, les pâtures de la Gastine
sont solidement renfermées par des haies vives très élevées et chaque
année *fressées* solidement avec des branches de chêne ; en sorte que les
animaux qui pâturent dans ces champs ne peuvent en sortir ou y entrer
que par les *claies* qui, une fois fermées, en interdisent l'accès. Un abreu-
voir ménagé au centre de chaque champ permet aux Gastinois de laisser au dehors leurs animaux, souvent pendant plusieurs semaines, sans
avoir besoin de les rentrer la nuit à l'étable.

Ce fut ce pays ainsi *clôturé* et aussi difficile pour la chasse à courre,
entrecoupé de ruisseaux et de vastes étangs, de landes et de taillis épais,
qui fut le théâtre des *exploits* de notre *bon du Fouilloux*.

J'avais déjà pris plusieurs cerfs dans la haute Gastine, dans les environs de Parthenay, chez M^me la marquise de Montsabré et chez un ami
du général de la Rochejaquelein, M. Chevallereau de Cely ; mais je
n'avais jamais chassé de cerf dans les environs de Bressuire, en basse
Gastine, pour une bonne raison, digne de M. de la Palisse, c'est qu'il
n'en *existait plus*.

En 1851, on apprit dans le pays qu'un cerf dix-cors parcourait les
petits boqueteaux appartenant à M. le marquis de la Rochejaquelein ;
ceux de la Mare, d'Hérisson, de Neuvy, des Mothes, etc., simples taillis
de peu d'étendue séparés les uns des autres par des landes incultes ou
de vaines pâtures.

Ce cerf voyageur avait été vu près du bourg de Chiché, dans les
bois d'Amaillou, dans les forêts de Vernoue et de Chantemerle, près de
l'Absie ; enfin, un peu partout. Il était rare que cet animal restât plusieurs

jours de suite dans le même endroit ; c'était un cerf voyageur par excellence.

Il avait été souvent lancé par de petits équipages de renard et de lièvre, mais toujours sans succès : des meutes sérieuses l'avaient même attaqué ; sa vigueur extraordinaire semblait défier et le fond des meilleurs chiens et la persévérance des veneurs. En 1852, nous avions réuni notre meute à celles de MM. de la Débutrie et Anatole d'Autichamp ; le cerf, lancé de près, avait été couramment chassé pendant cinq heures par soixante-dix bâtards anglais, sans que son allure trahît la moindre fatigue ; dans le pays, il passait pour *sorcier*.

Ce cerf avait en outre des mœurs assez singulières : que de fois, nous trouvant réunis dans l'ancienne demeure des Lescure, au château de Clisson, chez notre oncle, le marquis de la Rochejaquelein, n'avons-nous pas entendu dire par les paysans : « Nous venons vous avertir, monsieur le marquis, que ce matin au lever du soleil, en allant voir si *nos bêtes* étaient encore au champ, nous avons vu le cerf *après nos vaches !* »

Je ne sais pas si les naturalistes ont jamais observé ce fait *curieux* d'un cerf seul dans un pays sans biches et au moment du rut ; en tout cas, il est certain et de notoriété publique en basse Gastine.

Le marquis ne manquait jamais de dire au paysan : « Si ta vache se trouve pleine, élève soigneusement son produit, je te le payerai cher. »

Inutile d'ajouter que ces unions bizarres et accidentelles sont restées absolument infécondes.

Le 18 novembre de l'an de grâce 1853, nous nous étions donné rendez-vous à Étrie, près de Chanteloup, chez M. Alfred de la Roche-Brochard, MM. de la Blotais, Julien de la Rochejaquelein, de Lescours, de la Roussellière et moi pour attaquer au bois de la Mare le fameux cerf *sorcier*. Notre désappointement fut grand le lendemain matin de ne pas trouver au bois de la Mare, où le cerf était rembûché à bout de trait, M. de la Débutrie et sa vaillante meute : que faire avec

16

quinze chiens seulement pour attaquer avec quelque chance de réussite un cerf aussi vigoureux?

Nous n'hésitâmes pas cependant, et, après nous être recommandés à saint Hubert, nous découplâmes nos quinze bâtards sur la voie saignante; il était dix heures juste.

Lancé de volée et à vue, à cinquante pas du découpler, le cerf débuche aussitôt vers les étangs des Mothes, traverse la grande route de Bressuire à Niort, non loin de la chapelle de Notre-Dame-de-Pitié, et se dirige vers les bois de Vernoue.

Pendant huit heures, le noble animal se défend vaillamment; il faisait nuit close depuis plus d'une heure quand le soir, vers six heures, nous le laissâmes pour ainsi dire à l'hallali courant, après l'avoir fait sortir de l'étang du Fonteniou.

La seule ruse du pauvre cerf consistait pendant la chasse à ménager ses forces et à se remettre sans cesse au milieu des animaux qui, comme je l'ai dit plus haut, pâturent en liberté dans les genêts de la Gastine.

Maintes fois nous l'avons vu entrer dans un champ, se mêler au troupeau, le pousser devant lui avec ses bois, lui faire faire ainsi plusieurs fois le tour de la pâture pour effacer ses voies et se coucher ensuite au milieu d'une touffe de genêts.

Pour aider nos chiens, nous étions obligés de les suivre pied à pied, ce qui, dans un tel pays, n'était pas une petite besogne; j'ai dit pourquoi les clôtures de la Gastine étaient si solidement établies; aussi avions-nous constamment nos couteaux de chasse à la main pour frayer un passage à nos pauvres chevaux épuisés par une si longue chasse et des efforts aussi répétés.

Le cerf fut relancé à vue plus de vingt fois et mené à fond de train par nos quinze bâtards anglais.

Au bout de huit heures de chasse il était visiblement fatigué, mais *non pas pris*.

Nous le fîmes sortir à l'aide d'un mauvais bateau, à six heures du soir, de l'étang du Forteniou où nous craignions de le voir rester sans pouvoir l'atteindre à cause des nombreuses îles flottantes qui couvrent la surface de l'eau et des ténèbres épaisses d'une nuit obscure. Nous brisâmes à l'endroit où le cerf était sorti de l'eau et nous campâmes dans le pauvre village de Vernoue où, après avoir *pansé* nous-mêmes nos chevaux, nous fîmes un mauvais dîner de quelques œufs durs et d'une espèce de noir brouet qu'on appelle dans tout le Bocage « de la *fressure* ».

J'envoyai pendant la nuit un exprès me chercher à quatre lieues de là un excellent chien dont je prévoyais avec raison avoir besoin le lendemain pour faire un travail que la gelée et le brouillard glacé de la nuit rendirent véritablement difficile.

A huit heures du matin, nous frappions à la brisée : j'avais découplé dix de mes chiens, ceux du plus haut nez pour rapprocher et les plus vigoureux pour pouvoir prendre le cerf, dans le cas où, une fois relancé, il ne *fît sa fuite* vers les bois de la Mare sans retourner du côté de la chaussée de l'étang, où le relais de mes six derniers chiens avait été disposé.

Après un rapprocher admirable qui dura depuis huit heures jusqu'à onze heures et demie, pendant lequel nous eûmes à débrouiller pied à pied bien des doubles voies sur les *allées* et les *retours* de la veille, tantôt perdant le *vol-ce-l'est* sur des landes ou sur des chemins pierreux, ou la *voie* sur des prairies mouillées et à demi glacées ; obligés parfois de découvrir avec nos mains le long des buissons boisés le pied du cerf que les feuilles tombées pendant la nuit sous le poids du brouillard converti dès le matin en givre avaient entièrement recouvert, nous eûmes un moment de grande joie, quand nous vîmes bondir au milieu d'un champ de genêts épais le pauvre animal que le nez de nos chiens et notre patient travail venaient de dépister dans sa dernière retraite. Ce fut un bon moment pour tous les jeunes veneurs.

Le cerf, mené avec une grande vitesse et toujours à vue par ces dix chiens, fut heureusement *donner du nez* dans le relais volant.

Nous eûmes alors le plus bel hallali courant qui se puisse imaginer. Cet incroyable cerf tint encore pendant une heure quarante minutes : relancé sans cesse le long des palisses et des fossés, absolument comme un lièvre sur ses fins, il tomba raide mort et comme frappé d'apoplexie en entrant à l'eau dans l'étang de la Bouinière, sans que les chiens eussent le temps de le renverser et sans qu'il reçût un seul coup de couteau.

Je le vois encore entrer à l'eau, s'arrêter brusquement, regarder une dernière fois les chiens et les chasseurs, trembler de tout son corps et s'affaisser tout à coup dans l'eau comme foudroyé et sans faire un mouvement.

Nos fatigues étaient oubliées ; nos chiens et nos chevaux avaient seuls besoin d'un long et légitime repos, après deux journées aussi rudes.

Sur sept chevaux qui fournirent cette chasse extraordinaire, cinq ne s'en relevèrent pas.

Tous ceux qui ont pris part à cet émouvant laisser-courre vivent encore ; ils s'en rappellent comme moi tous les moindres détails.

# CHAMBORD

A l'entrée de la Sologne, pays de chasse unique en France par le nombre de ses grands fauves, ses beaux terrains de chasse, ses immenses forêts, ses brillantes réunions, à quelques kilomètres seulement du Val de la Loire et de la charmante ville de Blois, se dressent les tours féodales et la célèbre lanterne du château de Chambord.

Bâtie sous François I<sup>er</sup>, par Pierre Lenepveu en 1533, et décorée par les grands artistes français de la renaissance, Cousin, Pilon, Jean Goujon, cette merveille architecturale attire tous les ans l'élite des touristes de France et de l'étranger.

François I<sup>er</sup> en avait fait son principal rendez-vous de chasse et son séjour favori. On lit encore sur un des carreaux de la chambre du roi ces deux vers qu'il grava, dit-on, avec la pointe d'un diamant :

> Souvent femme varie,
> Bien fol est qui s'y fie.

Entouré d'un parc de 4,500 hectares dont la plus grande partie est en taillis, les pieds baignés par les eaux limpides du Cosson, Chambord a grand air, et tel qu'il convient à une résidence vraiment royale. Le nom de celui qui par reconnaissance l'a adopté pour le sien en rehausse encore l'éclat.

Les légitimistes avaient acheté Chambord de leurs deniers, pour l'offrir au jeune fils de S. A. R. Monseigneur le duc de Berry; depuis lors, Henri de France s'appelle « Monsieur le comte de Chambord ».

Le château royal, détaché de la couronne, a été possédé par le roi Stanislas de Pologne, par le maréchal de Saxe, la famille de Polignac, et, en dernier lieu, par le maréchal Berthier. Il fut à peu près abandonné par ses derniers possesseurs, qui n'avaient pas la fortune nécessaire pour entretenir cette immense demeure et l'empêcher de se dégrader. M. le comte de Chambord emploie tous les ans les revenus souvent insuffisants de ce grand domaine à réparer les injures du temps.

Les appartements ne sont pas meublés; le seront-ils jamais par son propriétaire actuel? Dieu le veuille pour le bonheur de notre pays.

Jusqu'à sa mort, un des plus fidèles serviteurs de M. le comte de Chambord, le général de la Rochejaquelein, avait seul la permission de chasser à courre dans le parc royal.

Très peuplé de cerfs et de chevreuils, situé dans un terrain plat et par suite très favorable à la chasse à courre, Chambord réunissait tous les ans, au mois de mars, les nombreux invités du bon général. MM. de Puységur, de Vibraye, de Lorge, de Beaucorps, de Champgrand, etc., etc., et avec eux l'élite des veneurs du Blaisois, étaient heureux de finir leur saison de chasse en compagnie du *vieux Balafré*.

Mon frère et moi, nous eûmes plusieurs fois la bonne fortune d'accompagner le général à Chambord; trois années de suite, après notre déplacement habituel à Ussé, nous eûmes ainsi le plaisir de joindre notre équipage à celui de MM. de Puységur et de forcer avec les deux meutes réunies plusieurs vieux dix-cors.

Entouré de murs de 3 mètres de hauteur, le parc est traversé par trois grandes routes qui conduisent à Blois, à Bracieux, à Mer, et qui rendent très agréable la chasse du cerf.

Ce ne sont plus ces immenses débuchers de Sologne où l'animal

vous mène à dix et douze lieues du lancer, avec huit ou dix lieues de
retraite et *souvent plus*. A Chambord, les cerfs longent fréquemment les
murs du parc, se font battre dans les taillis fourrés, traversent la plaine
qui s'étend entre le château et la porte de Mer, prennent l'eau dans les
deux étangs ou dans le Cosson.

Le 31 mars 1855, la réunion était encore plus brillante que de cou-
tume ; c'était la première fois que les veneurs du Blaisois voyaient à
Chambord MM. de Puységur réunir leur meute à une meute étrangère.

Le bon général aimait les grandes assemblées de chasseurs et de
chiens ; l'entrain des uns et des autres réjouissait ses vieilles années, et
lui rappelait nos gais rendez-vous de Vendée.

Un des gardes nous donna ce jour-là une brisée parfaite ; la voie
était saignante et le pied superbe. MM. de Puységur jugèrent en habiles connaisseurs que le vieux dix-cors avait déjà perdu ses bois ; ils firent
observer au général qu'un animal sans bois aurait l'air d'une biche.
« Tant mieux, dit le général qui n'aimait pas toujours les observations ;
vous aurez, Messieurs, plus de mérite, et d'ailleurs le duc de Bourbon
prenait souvent à cette époque des cerfs sans bois ; nous ne sommes pas
plus grands seigneurs que lui ! »

Personne n'avait rien à répliquer, et nous partîmes avec cinquante
chiens pour aller frapper à la brisée. Attaqué près de la porte de Boulo-
gne, le cerf traverse la grande route de Bracieux, se fait battre longtemps autour des étangs, longe les murs du parc pendant plus de trois
lieues, et, après deux heures et demie d'une chasse difficile, à cause de
la grande quantité d'animaux et des nombreux retours, vient faire son
hallali dans l'Étang-Neuf.

Pas un chien ne s'était écarté de la voie, pas un chien n'était parti
sur un change ; les invités félicitèrent le soir le général de la bonne idée
qu'il avait eue de réunir deux bons équipages et d'avoir ainsi doublé leur
plaisir.

Après un bat-l'eau de vingt minutes, les chiens noyèrent le pauvre animal au beau milieu de l'étang, et, chose assez extraordinaire, le cerf coula immédiatement au fond de l'eau.

Jugez de la déconvenue de tous les chasseurs! Comment faire pour le ramener à la surface d'un étang aussi grand et aussi profond?

Tous les veneurs de la Vendée, de l'Anjou et de la Touraine ont connu le bateau du général. Monté sur quatre roues et sur des X en bois reliés entre eux par des courroies sur lesquelles il reposait plus ou moins mollement, ce bateau lui servait de voiture.

C'était, il est vrai, peu commode, mais le rude gentilhomme n'avait aucun souci de ses aises. Il ne considérait dans cet arrangement que le côté pratique, les cerfs se faisant prendre souvent dans un étang dé-pourvu de bateau; aussi n'avait-il pas hésité à réaliser son idée.

Le bateau-voiture était toujours attelé quand on chassait le cerf; le cocher avait pour consigne de se tenir sans cesse autour des étangs dès que la chasse aurait l'air de s'en rapprocher.

Nous n'eûmes pas de peine à héler le pilote; il était à son poste, à deux pas de l'Étang-Neuf, croisant avec son *yacht*.

Dans un clin d'œil, les courroies furent débouclées, le bateau glissa facilement sur ses X, et son lancement fut des plus heureux. Armés d'un croc puissant et des avirons fixés à tribord et à babord, nous appareil-lâmes, mon frère et moi. Nous avions parfaitement remarqué l'endroit où le cerf avait coulé bas. Mais l'Étang-Neuf est vaste, profond, et nous eûmes mille peines à trouver notre animal. Enfin, après une demi-heure de sondages répétés, nous finîmes par harponner ce requin d'un nouveau genre, nous l'attachâmes solidement à l'arrière de notre chaloupe, et nous le remorquâmes triomphalement jusqu'à terre.

Le soir de ce beau jour, le temps était clair, la lune brillait de tout son éclat, dessinant la silhouette blanche du château féodal sur l'azur foncé du zénith.

Les piqueurs avaient préparé sur l'esplanade du château plusieurs monceaux de fascines sèches autour du cerf, et tout disposé pour la curée aux flambeaux.

A l'heure convenue, les piqueurs suivis de leurs chiens entourent le cerf, sonnent de joyeuses fanfares, pendant que le général, accompagné des veneurs, allume les feux de joie; la nappe est aussitôt enlevée. Hallali! hallali! Les chiens se précipitent à la curée, et se disputent les débris sanglants du noble animal.

C'est toujours un beau spectacle qu'une curée aux flambeaux. Je dirai peu de chose de celle-ci : en général toutes se ressemblent ; mais à Chambord elles revêtent un caractère de grandeur incomparable. Ce site sévère, la splendeur architecturale du château, l'absence surtout de l'illustre Seigneur de ce beau domaine, tout vous parle à l'imagination et au cœur, et tout vous émeut : ce sont de ces souvenirs qui ne s'effacent jamais.

Chaque soir, après la chasse, l'hôtel Bibard réunissait tous les veneurs dans un excellent banquet où la bonne humeur, la gaieté et la plus franche cordialité étaient de rigueur.

Inutile de dire que la santé du Châtelain absent était de bon ton et toujours la première portée. Que de fois nos bras se sont-ils étendus, nos verres se sont-ils choqués, alors que nous répétions tous en chœur le refrain de cette ballade des *cavaliers*, si entraînante et si chevaleresque :

Pas un verre qui reste vide
Et pas un cœur qui reste froid!
Cavalier, buveur intrépide,
Debout! A la santé du Roi!

FIN.

# TABLE DES MATIÈRES

## LIVRE V

## QUELQUES SOUVENIRS D'UN VENEUR

Paris. — Typographie de Firmin-Didot et Cⁱᵉ, 56, rue Jacob.

# ERRATA

Page 77. — 9<sup>mo</sup> ligne : lire plus tournés en *dehors*, au lieu de plus tournés en *dedans*.

Page 83. — 2<sup>me</sup> ligne : 1° Quand l'animal *se me sur le* ventre, lire *se met*.

Page 84. — 2<sup>me</sup> ligne : *chevreuil*, une virgule au lieu d'un point et virgule.

Page 103. — 1<sup>re</sup> ligne : *trompe* au lieu de *troupe*.

Page 116. — 3<sup>me</sup> ligne : une virgule après *seulement*, pas de virgule après *chevreuils*.

www.ingramcontent.com/pod-product-compliance
Lightning Source LLC
Chambersburg PA
CBHW070401090426
42733CB00009B/1487